Werner Holzgreve

Handwerke
Hauswerke
Handarbeiten

Werner Holzgreve

Handwerke
Hauswerke
Handarbeiten

**Altes
wird wieder neu entdeckt
in der Volkshochschule**

Umschlagbilder:

Freie Klöppelarbeit „Distel" von Frauke Domzig

Aufbaukeramik
„Vase und Krug" von Eva Hüsemann

Fotos: Werner Holzgreve

Herausgeber:

Kommunale Kreisvolkshochschule Osnabrück,
Am Schölerberg 1, 4500 Osnabrück

© Werner Holzgreve, Bad Essen

Edition Oelkers, Quakenbrück · 1986
Nachdruck, auch auszugsweise, nicht gestattet

Herstellung: Druckerei Oelkers, Quakenbrück

ISBN 3 − 923664 − 06 − 0

**Für großartige Unterstützung
und helfenden Rat
ist herzlich zu danken:**

Erika Bieber, Belm (Dekorative Trockenblumengestecke, Weihnachtsbasteln)

Agnes Bohe, Ostercappeln (Basteln von Rupfenpuppen, Krippenfiguren aus Rupfen)

Rolf Brüning, Grapperhausen-Neuenkirchen (Schraffurzeichnen)

Inge Butzek, Bad Essen (Spinnen und freies Weben)

Frauke Domzig, Bad Essen (Glasarbeiten und Batik)

Hedwig Ellermann, Bohmte (Sticken auf Jute)

Rainer Gude, Bad Essen (Aufbaukeramik und Seidenmalerei)

Waltraud Helmich, Bohmte (Zuschneiden und Nähen)

Beatrix Kaiser, Vehrte (Modellieren mit Salzteig, Basteln mit Körnern und Hülsenfrüchten)

Lenchen Paukat, Bad Essen (Handarbeiten mit Leinen)

Günter Schuster, Osnabrück (Aquarellmalerei)

Inge Theuerkauf, Wissingen (Klöppeln)

Renate Vollbrecht, Bad Essen (Brotbacken, Kochen, Vollwertkost)

Alrun-Dagmar Wegener, Osnabrück-Darum (Stricken)

Ein besonderer Dank gilt der Gemeinde
Bad Essen
und der Kreissparkasse Osnabrück,
die durch ihre Unterstützung
die Herausgabe
dieser Schrift wesentlich mit ermöglichten.

Zum Geleit

„Alte Handwerke, Hauswerke, Handarbeiten" — der Titel umschreibt Tradition und Wandel kunstfertiger „Gebrauchskultur", aber er steht zugleich für den Versuch, einen Ausschnitt aus dem Kursangebot unserer Kommunalen Kreisvolkshochschule Osnabrück zu beschreiben. Die kulturelle Bildung war immer ein fester Bestandteil der Erwachsenenbildung, ihre pädagogische Begründung liegt in der Wahrnehmung aus der Erfahrung eigenen Gestaltens. Kreatives Denken und Tun vollziehen sich in der Aneignung von Gestaltungstechniken, in Betrachtung, Reflexion und im Gespräch.

Wenn diese Kurse Semester für Semester großen Zuspruch finden, so belegen diese Zahlen die Bereitschaft unserer Teilnehmerinnen und Teilnehmer, sich erstmals oder immer wieder auf die Auseinandersetzung mit Gestalt und Form einzulassen.

Es war ein glücklicher Umstand, daß sich Herr Werner Holzgreve bereitgefunden hat, die „Felderkundungen" dieses Arbeitsbereiches vorzunehmen. Ihm sei für seine sorgfältigen Recherchen, die ansprechende Textgestaltung und die gelungene Bildauswahl herzlich gedankt. Unser Dank gilt auch allen Dozentinnen und Dozenten sowie vielen Hörerinnen und Hörern, die bei der Sammlung der Materialien behilflich waren und bereitwillig für Auskünfte zur Verfügung standen.

Dieses Heft will Informationen vermitteln, aber es möchte auch ermuntern zu dem Versuch, die eigenen Fähigkeiten und Fertigkeiten zu entdecken und sie im Austausch mit anderen zu proben. Wir wünschen Ihnen viel Freude und Anregungen bei dieser Lektüre.

Auch die Gemeinde Bad Essen schätzt sich glücklich, daß eine solche Schrift aufgrund der hervorragenden Kursangebote in der Außenstelle Bad Essen der Kommunalen Kreisvolkshochschule entstehen konnte.

Für die Kommunale Kreisvolkshochschule:

Bernhard Wellmann,   Dr. Werner Barlmeyer,
Vorsitzender   Direktor
des Beirates

Friedhelm Brinkmeier
Außenstellenleiter

Für die Gemeinde Bad Essen:

Dr. Hans Maßmann,   Helmut Wilker,
Bürgermeister   Gemeindedirektor

Inhalt

Notwendige Vorbemerkungen

Zu dieser Schrift sind einige Vorbemerkungen unerläßlich. Zunächst diese: sie ist weder ein Lehrbuch noch ein fachlich kompetenter Leitfaden. Ein solcher Anspruch wäre angesichts der Vielfalt und sachlichen Details alter Handwerks-, Hauswerks- und Handarbeitskunst vermessen. Wenn diese Schrift auch auf immerhin zwanzig entsprechenden Kursen der KKVHS-Außenstelle Bad Essen aufgebaut ist, müssen die Informationen dennoch in fachlicher Hinsicht unvollständig und im Blick auf die Fülle kreativen Tuns unvollkommen bleiben. Dasselbe gilt natürlich für die zu fast jedem Kapitel gegebenen Literaturhinweise.

Mit dieser Schrift soll einzig und allein ein Aperitif, hoffentlich ein schmackhafter, gereicht werden, der den Appetit nach Mehr anregen soll - nach weiteren Informationen und, vor allem, nach eigener schöpferischer Tätigkeit in den so breiten Gestaltungsfeldern, wie sie in den Kursen der Volkshochschule angeboten werden. Es ist ja, wie ich selbst erfahren konnte, viel mehr als nur Nostalgie, sich selbst schöpferisch zu betätigen. „Ich freue mich riesig über diese Möglichkeit der Selbstentfaltung", sagte mir eine Kursteilnehmerin, die vor wenigen Monaten selbst noch nicht glauben mochte, „daß mir so etwas überhaupt gelingt". Die Schrift möchte daher dazu beitragen, etwaige Hemmschwellen abbauen zu helfen.

Gerade in unserer Zeit zunehmender Technisierung und Rationalisierung fast aller Lebensbereiche des Menschen geht der Blick auf Gesamtzusammenhänge rapide verloren. Mit dem Einsatz immer neuerer Technologien, immer schneller und rasanter, wird verstärkt der Spezialist gefragt, der selbst kaum mehr eine Zusammenhangschau über das Ganze hat. Diese Entwicklung erfahren und spüren wir auch im Alltag. Während in früheren Zeiten der Mensch noch in der Lage war, das Ergebnis seines Schaffens ganzheitlich übersehen zu können, blickt er heute - und noch stärker in der Zukunft - bestenfalls auf Teilaspekte, von denen er oft genug nicht einmal mehr weiß, wozu sie letztlich dienen oder gar nützlich sind. Kein Zweifel: hier wird zugleich die Frage nach dem eigentlichen Sinn menschlicher Tätigkeit gestellt.

„Ich möchte gern etwas aus mir heraus schaffen und nicht einfach kaufen", antwortete mir ein junges Mädchen auf die Frage, warum es zum dritten Mal einen Klöppelkursus besuche. In der Tat. Der Wunsch, ja sogar eine insgeheime Sehnsucht, nach einer eigenständigen und selbstgestalteten Schöpfung nimmt offensichtlich zu, vor allem auch bei jungen Menschen. Mütter und Töchter gemeinsam in bestimmten Kursen sind nicht selten. Kreatives Tun, vom Entwurf bis zum Vollenden, gewinnt erfreulicherweise mehr und mehr eine überragende Bedeutung. Und j e d e r kann, sofern er sich nur erst einmal selbst einen inneren Schubs gibt, in den Kursangeboten der Volkshochschule etwas ihm Gemäßes finden!

Zwei weitere Hinweise sind nötig.

Diese Schrift befaßt sich ausschließlich mit alten Handwerken, Hauswerken und Handarbeiten, wie sie derzeit in reichhaltigem Umfang durch die KKVHS angeboten werden. Von daher ist auch ihr Inhalt bestimmt.

Fast alle veröffentlichten Bilder sind Fotos von Arbeiten von Kursteilnehmern, also keine professionellen Beigaben. Dennoch oder gerade deshalb werden sie, dessen bin ich sicher, beeindrucken - und hoffentlich den noch Zögernden ermuntern, es zumindest einmal zu versuchen. Leider ließen die Kosten Farbbilder nicht zu.

Ich habe vielen Menschen für ihre Mithilfe herzlich zu danken, allen voran den Kursleiterinnen und Kursleitern in der KKVHS-Außenstelle Bad Essen. Gerade sie werden auch Verständnis dafür haben, daß ich bei der Begrenzung der Schrift beim besten Willen nicht alle Hinweise und Fotos ihrer wunderschönen Kursarbeiten berücksichtigen konnte.

Zu danken habe ich dem Leiter der Bad Essener Außenstelle, Friedhelm Brinkmeier, der sich von Anfang an voll hinter dieses Vorhaben stellte, es jederzeit mittrug und durch sein persönliches Engagement die Herausgabe dieser Schrift ganz wesentlich mit ermöglichte. Für ihre beinahe tägliche Beratung und ihre kritischen Korrekturen sowie für die Bereitstellung ihres umfassenden Materials habe ich Frauke Domzig einen herzlichen Dank zu sagen.

Und nun wünsche ich bei diesem Aperitif ein herzliches „Prosit"! Und das im ursprünglich lateinischen Sinne: es möge gut bekommen und nützen und Appetit machen!

Bad Essen, im Januar 1986

Werner Holzgreve

Scherenschnitt „Mädchen beim Spinnen" von Frauke Domzig

I. Die Kunst der Woll- und Leinenweberei

Welch große Bedeutung - „Stellenwert" würden wir heute sagen - dem Flachs und damit dem Leinen und Spinnen seit jeher beigemessen wurde und welch hohes Ansehen damit verbunden war, zeigen viele unserer alten Volksmärchen. Da soll zum Beispiel die Müllerstochter im „Rumpelstilzchen" Stroh zu Gold spinnen, Rapunzel gar hat Haare wie „gesponnenes Gold". Dort spinnt ein Mädchen ununterbrochen, um ihre zwölf Brüder zu erlösen und im Märchen der „Frau Holle" ist es gerade die besonders schöne Tochter, die täglich am Brunnen zu spinnen hat. Dornröschen sticht sich an einer Spindel und fällt in todesähnlichen Schlaf, aus dem sie ein Prinz erweckt, und im schwedischen Märchen von den „Drei Großmütterchen" verlangt gar die Königin, „die spann und nähte und webte bei Tag und Nacht, so daß ihr keine gleichkam", daß die künftige Königin sie hierin übertreffen müsse.

Wer diese äußerst feine und so überaus wertvolle Handwerkskunst einmal in all ihren Arbeitsvorgängen bis zum fertigen Produkt miterlebt oder sogar selbst praktiziert, ahnt zugleich den Sinn und die Bedeutung alter Worte und Formulierungen in der Literatur, in der schon in ganz frühen Zeiten beispielsweise vom „güldenen Linnen" die Rede ist.

1. Flachs - Säen und Ernten

Der besondere Wert der Woll- und Leinenweberei

Ganz vorsichtig wird der gelbreife Flachs in kleinen Bündeln geerntet und getrocknet

wird bereits beim Flachsanbau deutlich. Allein vom Aussäen des Leinsamens für den Flachs bis zum fertigen Leinengarn sind über zwanzig Arbeitsvorgänge zu bewältigen, die viel Sorgfalt und Sauberkeit und vor allem viel Liebe erfordern. Wie einzigartig der Flachs schon in frühesten Zeiten eingeschätzt wurde, zeigt allein schon die Tatsache, daß der Leinsamen mit einem peinlich sauberen Kittel und mit einem eigenen Sätuch ausgesät wurde. Oder auch ein anderer Bearbeitungsvorgang: Das Unkraut wird nicht einfach gejätet, sondern sorgfältig gezogen und das zur Vermeidung jedweder Schädigungen nur in Socken...

Etwa Ende April, wenn kein Frost mehr zu befürchten ist, beginnt die Aussaat. Die Vegetationszeit des Leins ist ziemlich kurz. Nach nur etwa 100 Tagen ist der Flachs reif, das heißt: seine Sprossen werden von unten her gelb, weshalb wir auch von der „Gelbreife" des Flachses sprechen. Die Samenkapseln haben dann eine dunkelbraune Färbung. Jetzt wird er geerntet.

Das wiederum bedeutet: der Flachs wird behutsam mit Hand aus der Erde gezogen und dies einschließlich der Wurzeln, damit möglichst keine Fasern verlorengehen. (Allerdings gibt es heute, wo Flachs in größeren Mengen geerntet wird, spezielle Raufmaschinen.) Damit der Trockenvorgang schonend bleibt, wird der Flachs immer nur in kleinen Bündeln gerauft und kreuzweise übereinandergelegt. Die Samenkapseln werden entweder per Hand oder mit der Riffel, einem kammartigen Gerät, abgezogen. Dabei werden auch zugleich die Bündel geriffelt, gewissermaßen gelockert.

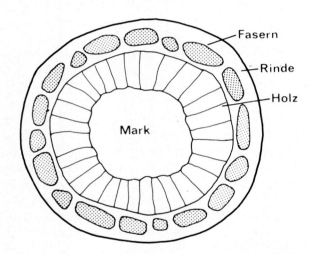

Querschnitt des Flachsstengels in sechzigfacher Vergrößerung

Anschließend kommen die Bündel in die sogenannten Röthekuhlen, werden mit Steinen beschwert, damit unter Wasser die obere Schicht der Halme abfault. Der getrocknete Flachs wandert sodann in eine Boke, eine Art Stampfwerk, das ent-

weder von Pferden oder mit Wasserkraft angetrieben wird. Dadurch sollen die Holzbestandteile des Stengels weichgeschlagen werden, um ihre Entfernung von der Faser vorzubereiten. Anders ausgedrückt: die Halme werden durch dieses Boken gebrochen und die Pflanzenfaser damit freigelegt.

Nach weiteren Arbeitsvorgängen werden die Fasern gehechelt, gewissermaßen gekämmt, die Spinnfasern zu losen Schlingen (Zöpfen) gedreht und dann zu einem Vlies in Lagen gezupft. Erst dann werden die gezupften Fasern auf den Spinnstock (Rocken oder Wocken) gebracht. Das Spinnen kann beginnen.

(An dieser Stelle ist, wie schon im Vorwort angesprochen, eine Anmerkung noch einmal unerläßlich: auch bei diesen Beschreibungen müssen manche Arbeitsgänge übersprungen bzw. sehr vereinfacht dargestellt werden. Bei der Aufgabenstellung der Schrift ist es auch beim besten Willen nicht möglich, auf bestimmte Details einzugehen wie z.B. Klima, landschaftliche Besonderheiten, Bräuche usw.. Wo erforderlich, wird auf Art und Weise von Gepflogenheiten im hiesigen Raum abgehoben. Deshalb sollen einige Literaturhinweise am Ende des Kapitels weitere Hilfen geben.)

2. Spinnen und Färben

Das Spinnen kann also beginnen. Der Flachs wird gesponnen und nochmals verzwirnt, um das benötigte Kettgarn zu erhalten. Das Grundprinzip des Spinnens ist eigentlich einfach: Die Fasern werden so zusammengedreht, daß ein möglichst gleichstarker Faden von durchgehender Länge entsteht. Dabei muß, ohne auf Einzelheiten eingehen zu können, die überaus große Mühe und Arbeit für die Ausbildung einer Leinenkette hervorgehoben werden, deren Wert mancher kaum richtig einzuschätzen vermag.

Es ist übrigens heute nachgewiesen, daß schon in der Jungsteinzeit aus Tierhaaren oder Pflanzenfasern Fäden gesponnen wurden. Man weiß dies aus zahlreichen Funden von sogenannten „Spinnwir-

teln", einer runden, sich zur Mitte hin verdickenden Scheibe aus Ton mit einem Loch in der Mitte.

Wie die Spindel hatte der Spinnwirtel die Funktion, den gesponnenen Faden um seine eigene Achse zu drehen. Mit der Spindel wurde trotz des aufgekommenen Flügelspinnrads noch bis in das 18., teils sogar bis ins 19. Jahrhundert hinein gearbeitet, wie zum Beispiel aus Schlesien berichtet wird.

Die Spinnfasern werden zu losen Schlingen (Zöpfen) gedreht ...

... und die Schlingen zu einem Vlies in Lagen gezupft ...

… dann werden die Lagen auf den Spinnstock (Wocken oder Rocken) gebracht und …

… das Spinnen kann beginnen

Zum äußerst aufwendigen Färben hier nur einige kurze Hinweise. Es gibt Pflanzensäfte, die unmittelbar auf die Faser färbend wirken. Andere können nur mit Hilfe von Chemikalien, wie etwa Alaun, an die Faser gebunden werden (Beizen).

Die Dauer der Einwirkung entscheidet auch über die Intensität der Farbe. Bei der Anfertigung dieses Kapitels konnte, um nur diese Hinweise zu geben, die Färbung mit Tagetes, Goldrute, Kamille und Walnuß miterlebt werden.

In diesem Zusammenhang sei aber auch auf die *Küpenfärbung* hingewiesen, durch die eine Faser ihre endgültige Farbe erst dann bekommt, wenn die Vorstufe des Farbstoffs auf der Faser chemisch reagiert hat, Beispiel: beim Indigo, ursprünglich gelbgrün, wird die blaue Farbe durch Einwirken von Luftsauerstoff erreicht.

3. Freies Weben – Webbilder

Das Garn wird also zum Verstricken oder zum Weben entsprechend gesponnen. Obwohl auf das Verstricken im nächsten Kapitel noch eingegangen wird, schon an dieser Stelle zum besseren Verständnis ein erster Hinweis: zum Verstricken wird zwei- oder dreifädig verzwirntes Garn verwendet, da verzwirntes Garn immer strapazierfähiger ist. Solches Garn findet beispielsweise wohl Verwendung für Stoffe, die durch das Schiffchenweben hergestellt werden, keinesfalls jedoch für Webbilder, um die es in diesem Abschnitt schwerpunktmäßig geht.

Voraussetzung für das freie Webbild ist natürlich der Entwurf eines Motivs, etwa auf Karton. Dieser Entwurf wird dann unter den Webrahmen gelegt, und die Kette wird im Webrahmen gespannt (also k e i n Schiffchenweben). Webbilder werden einfädig versponnen und das auch in ungleicher Stärke. Der ungleiche Faden gibt somit zugleich an Strukturen und Konturen mehr her, man kann auch von einem Dick-Dünn-Effekt sprechen. Schon bei dieser einfachen Beschreibung wird der Unterschied zwischen Bildweben und Tuchweben einsichtig: das Webbild besteht im Gegensatz zum gewebten Stoff aus einzelnen Bildfeldern. Gerade bei freien

Zwei freie Webbilder: „Spirale" und „Birnenbaum"

Webbildern, die bestimmte Motive hervorheben sollen, springen diese einzelnen Bildfelder, die sich zu anderen absetzen, deutlich ins Auge.

Zwei Arbeitsbereiche für die Anfertigung eines freien Webbildes seien kurz angeschnitten.

● *Die Techniken.* Zu Beginn werden die sogenannten Puscheln in ausreichender Größe und Stärke über Daumen und Zeigefinger gewickelt. Diese Puscheln schiebt man nun durch das Fach der Kette, das vorher mit den Fingern aufgenommen wurde. Durch Verzahnungen oder „Schlitze" wird sodann, dem geplanten Webmotiv entsprechend, die anzuwendende neue Technik immer

15

wieder mit der vorherigen verbunden. Grundlage bleibt dabei stets die Leinenbindung.

Es können nun die verschiedensten Webarten angewandt werden, beispielsweise Sumaktechniken, Kelimschlitze, Perlschlinge oder Berberknoten. Als sehr gefällig gilt auch die Haschüre, eine Webart, die nicht nur waagerecht, sondern auch senkrecht eingearbeitet wird. Auf die besondere Abbildung hierzu sei verwiesen.

● *Die Einrahm-Techniken.* Bei den Einrahm-Techniken für das freie Webbild spielen natürlich die verschiedenen Garnverläufe (Stichwort hierzu: Konturen) eine gewichtige Rolle mit. Der Fadenverlauf kommt ja aus verschiedenen Richtungen: waagerecht, senkrecht, diagonal oder im Rundum-Verlauf. Dadurch heben sich auch, worauf bereits hingewiesen wurde, bei gleichfarbigen Feldern die Konturen deutlich voneinander ab.

Was nun die Rahmenart anbetrifft, gibt es vielfältige Variationsmöglichkeiten, die sich selbstverständlich auch nach dem gewebten Motiv richten. Es gibt vorgefertigte Metallrahmen, in denen dann das Webbild verbleibt. Gern verwandt wird jedoch der Schulwebrahmen oder auch der Nagelrahmen, von denen die Webbilder wieder abgenommen werden können. Eine andere Möglichkeit des Einrahmens, die der Phantasie kaum Grenzen setzt: Die Kette kann frei über originale Gegenstände aufgebracht werden - über eine Astgabel etwa, eine einfache Kiste oder über schlichte Bilderrahmen.

Am Ende der gewiß aufwendigen Arbeit, die hier nur schlaglichtartig angedeutet werden konnte, steht in der Tat das überschaubare Ergebnis einer eigenen, wenn auch noch so kleinen Schöpfung, die große Freude bereitet. „Ich habe etwas aus mir heraus geschaffen", beschrieb eine Kursteilnehmerin ihr stolzes und ungemein befriedigendes Gefühl, das man unschwer nachvollziehen kann. Es ist sicher: Solch kreatives Tun ist viel mehr als nur nostalgische Rückbesinnung!

4. Handarbeiten mit Leinen

Nimmt man es ganz genau, handelt es sich bei diesen kreativen Tätigkeiten richtiger um ein Verarbeiten von Leinen. Es soll etwas durch sehr feine Handarbeit geschmückt werden. Nach alten und neuen Motiven und Mustern geht es mithin um die Verschönerung alten Bauernleinens, von Leinenstoffen oder auch groberen Stoffen (Tischdecken, Läufer, Kissen, Vorhänge und Stores usw.) mit Häkeleinsätzen, Spitzen und Stickmotiven. Seit jeher wird diese Handarbeit auch als eine sehr dankbare Handarbeit beschrieben, die nie veraltet ist.

Auch als „Gesellschaftsarbeit" wird sie in früher Literatur immer wieder gern beschrieben, weil man in geselliger Runde zusammenkommen und sich unbeschwert unterhalten kann, ohne daß dadurch die Handarbeit gestört wird.

In der Regel werden den Kursteilnehmern zum Kursbeginn bereits fertige Stücke vorgelegt, damit sie zunächst einmal ganz individuell entscheiden, an welche Motive bzw. Arbeiten sie herangehen wollen. Bauernleinen wird entweder schon mitgebracht oder ein entsprechender Leinenstoff gekauft. Es kann jedoch auch an groberen Stoffen ge-

Handarbeit mit Leinen: eine zweimal nachgearbeitete Decke mit vier Rundungen

Kostbare gehäkelte und gestickte Leinenarbeiten

Kursteilnehmerinnen beim Häkeln eines Motivs für eine Leinendecke

Beim Sticken von Weihnachtsmotiven

arbeitet werden. Als Werkzeug genügen zunächst eine Häkelnadel und geschickte Hände.

Das sogenannte Zu- und Abnehmen von Maschen sowie das nicht ganz einfache Eckenhäkeln stehen am Anfang dieser alten, feinen Handarbeit. Die besondere Kunst beim Zu- und Abnehmen besteht darin, daß bei Verbreiterungen und bei schmaler werdenden Partien möglichst unauffällig für das Auge die Zahl der Maschen verändert wird.

Das Eckenhäkeln ist im Gegensatz zu den meist maschinengefertigten Häkelarbeiten echte Handarbeitskunst. Die Ecke wid nämlich per Handarbeit gefällig ausgeformt, während Maschinen häufig gerade Borden und Spitzen stumpf aufeinander treffen lassen.

An dieser Stelle ist ein erläuterndes Wort auch zum *Sticken* nötig, da im Verlauf der Handarbeiten mit Leinen zum Beispiel auch Kreuzstichmuster und besonders dekorative Bilder und Formen, wie etwa Weihnachtsdecken, auf Zählstoff gestickt werden. Unter Zählstoff versteht man, etwas laienhaft erklärt, einen Stoff, bei dem das Gewebe locker genug ist, um die Gewebefäden deutlich erkennen und damit zählen zu können. Gerade beim Kreuzstich werden diese Gewebefäden abgezählt, damit der Stich über dieselbe Zahl von Schuß- und Kettenfäden eines „leinenbindigen" Stoffes gestickt werden kann. Bei fadengleichen Stoffen wird allgemein eine Straminnadel benutzt. Auch auf die Verwendung besonderer Garne beim Kreuzstich (Stichworte: Einfachfäden, Perlgarn, Baumwollgarn) sei kurz hingewiesen.

Die Stickerei, ein kunstvolles Zusammenspiel von Idee eines Motivs oder einer Gestaltungsart, Stoff, Garn und geschicktem Gebrauch der Nadel (so einfach und damit einzigartig ist diese Handarbeitskunst!), ist uralt. Wahre Meisterwerke sind gestickt oder bestickt worden: in der Eremitage in Leningrad ist eine Satteldecke zu sehen, die 300 oder 400 vor Christus entstanden ist; eine ganz berühmte Arbeit ist der Gobelin von Bayeux (70 Meter lang und 50 cm hoch), der wahrscheinlich aus der zweiten Hälfte des ersten Jahrtausend stammt. Jedenfalls steht auch am Ende einer gehäkelten oder/und gestickten Handarbeit mit und am Leinen immer ein kleines Kunstwerk, das Freude bereitet, wie auch die entsprechenden Bilder in dieser Schrift zeigen.

Literaturhinweise:

„Die Flachsverarbeitung", Heft 3.1 über altes Hauswerk und Handwerk auf dem Lande, Hrg. Landschaftsverband Westfalen-Lippe, 4400 Münster
Weben — ein schöpferisches Kunsthandwerk" von Clara Creager, Bertelsmann-Verlag
„Sticken" von Nora Jones, Otto Maier Verlag, Ravensburg

II. Stricken — immer wieder „in"

Nicht erst in unserer Zeit ist diese Handarbeitskunst von besonderer Aktualität, obwohl seit einigen Jahren ein neuer Aufschwung des Strickens, allein oder in Gemeinschaft, zu Hause oder bei anderen Gelegenheiten, bei einer Bahnreise beispielsweise, beim Radiohören oder bei Unterhaltung mit Freunden und Bekannten, unverkennbar ist. Material und Werkzeug sind nicht allzu teuer und leicht mitzunehmen. Und — auch diese Handarbeit ist relativ leicht zu erlernen und ständig zu verfeinern. „Die eigene Phantasie soll immer wieder anregen und im Vordergrund stehen", sprach eine Kursleiterin ihr besonderes Anliegen aus.

Es ist sicher nicht uninteressant zu wissen, daß es in Deutschland vor etwa 300 bis 400 Jahren regelrechte *Strickzünfte* gab, Zusammenschlüsse von Strickern also, die mindestens sechs Jahre zu lernen hatten, bevor sie sich Strickmeister nennen durften. In der Regel lernten diese durchaus als Handwerker bezeichneten Stricker erst einmal drei Jahre lang im eigenen Land die Grundkenntnisse und speziellen Besonderheiten der Strickkunst ihrer Heimat. Dann gingen sie, ebenfalls für drei Jahre, ins Ausland, um die dortigen Fertigkeiten und typischen Eigenheiten des Strickens zu studieren. Für ihre Meisteranerkennung hatten sie sodann anzufertigen: ein wollenes Hemd, ein Paar wollene Strümpfe mit Ziermustern und einen Teppich mit ziemlich aufwendigen Motiven und in exaktester Gestaltung.

Auch bei dieser gleichermaßen Handarbeitskunst wie Handwerkskunst genannten Arbeit begegnen wir, wie in vielen Kapiteln dieser Schift, historischen Vorbildern des Orients, speziell Ägyptens. Die arabischen Nomaden müssen die Strickkunst bereits gekannt haben, Funde in Ägypten deuten auf einen hohen Stand dieser Kunstfertigkeit schon lange vor unserer Zeitrechnung hin. Dadurch wissen wir auch, daß das östliche Kreuzstichmuster vierzehn Maschen pro Zentimeter enthält (!). Erwähnt werden muß in diesem Zusammenhang auch

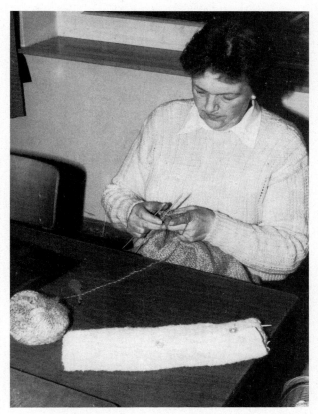

Beim Stricken eines Pullovers mit aufwendigem Muster am Kursabend

die überragende spanische und florentinische Strickkunst zwischen dem 12. und 14. Jahrhundert, die farbige arabische Gestaltungsarten einbezieht. Die besonderen Kunstfertigkeiten in dieser Beziehung bei den südamerikanischen Völkern sei nur am Rande erwähnt.

1. Techniken des Strickens

Nach einem Einführungsabend beginnt erfahrungsgemäß zunächst einmal das Einüben des Maschenaufnehmens. Zuvor hat der Kursteilnehmer das nötige Wissen über die verschiedenen Strickgarne (Wolle, Baumwolle, Seide, Kunstfaser usw.) erhalten. Damit hat er zugleich erste Kenntnisse darüber, wie man verschiedene Garne verstricken und bestimmte Farbkompositionen erzielen kann. Selbstverständlich ist er auch über das benötigte Handwerkszeug, vor allem auch über die verschiedenen Nadelstärken, informiert worden. Eine Grundregel: Je feiner das Garn, umso dünner muß die Nadel gewählt werden.

„Der Wissensstand soll möglichst gemischt sein", wünscht die Kursleiterin. So kann der Erfahrenere dem Anfänger helfen, der wiederum von dieser Erfahrung profitiert. Anregungen werden damit gegenseitig gegeben, etwaige Hemmungen fallen dadurch meist schon am ersten Abend, und das gesellige Miteinander von Anfang an kann nur förderlich sein. Bei diesen Zielsetzungen kann man auch nicht von Kursen für Anfänger und Fortgeschrittene sprechen — und soll es auch nicht.

Es kann also durchaus sein, daß Anfänger das Maschenaufnehmen intensiv lernen und üben, wäh-

Pullover mit verschiedenen Mustern und Farben

rend andere Kursteilnehmer bereits an konkrete Strickvorstellungen herangehen. Aber das ist gut so – es spornt an, beflügelt die Phantasie und vermittelt Anregungen; vor allem die Gewißheit, daß schöne Strickarbeiten – Pullover, Jacken, Handschuhe, Schals – mit den vielfältigsten Mustern tatsächlich für jeden zu verwirklichen sind! Auch, wie man rechte und linke Maschen strickt, gehört zunächst zum „technischen" Rüstzeug, bevor man sich weiter vorwagen kann und wird.

Selbstverständlich werden die Kursteilnehmer von Anfang an beraten und fachlich umfassend begleitet und angeleitet. Da kommt jemand mit einer festen Vorstellung über gerade „den" Pullover, der gestrickt werden soll, in den Kursus; dort muß die eigene Vorstellung über eine Strickarbeit sozusagen „kanalisiert" werden, weil die Art des Garns vielleicht noch nicht recht bedacht wurde – also Beratung für den richtigen Garneinkauf. Schon am dritten Abend werden weitere Techniken erlernt, zum Beispiel das richtige Abnehmen und Zunehmen oder das Abketten von Maschen. Es entstehen erste Muster aus rechten und linken Maschen, die zugleich den Blick für Musterkombinationen öffnen.

Natürlich werden den Kursteilnehmern Musterstücke vorgelegt, nach denen sie dann stricken können, aber nicht unbedingt sollen. Die eigene Gestaltungsidee ist wichtig. Die Erfahrung zeigt auch, daß im Laufe der Zeit der eigene Phantasiereichtum mehr und mehr an Bedeutung gewinnt. Vor allem aber – die Strickarbeit soll ja gar nicht so perfekt sein wie eine Konfektionsarbeit, sie soll individuell und damit typisch bleiben für die eigene kreative Leistung und Gestaltung. Und es sollte

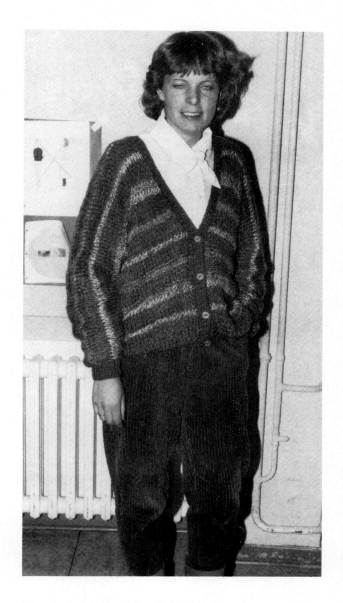

Eine Strickjacke mit reizvollem Dessin

optimistisch stimmen — gerade den Anfänger, der sich vielleicht noch nicht so recht traut —, daß etwa ein Drittel der Kursteilnehmer über Jahre (!) wiederkommt, um immer neue Anregungen zu erhalten.

So wird neben ersten Grundkenntnissen allmählich, Schritt für Schritt, das Zunehmen und Abnehmen in allen Varianten erlernt, ebenso beispielsweise V-Ausschnitte, Raglan oder Armausschnitte. Auch das „richtige" Lesen von Strickschriften und Musterzeichnungen wird einbezogen. Und immer wieder und von Anfang an: eigene Ideen und Entwürfe werden gemeinsam überlegt, besprochen, dann aber auch mutig angegangen. Feste Konzepte gibt es dabei erfreulicherweise nicht, man muß sich „auch vom Material inspirieren lassen", sagte die Kursleiterin. Deshalb möglichst auch Loslösung von Vorlagen und die eigene Phantasie einbringen!

2. Mustervielfalt

Die Mustervielfalt, bei der der Phantasie kaum Grenzen gesetzt sind, spielt beim Stricken im Grunde von Anfang an mit, zumal es, wie bereits erwähnt, keine pedantische Kurseinteilung in Anfänger und Fortgeschrittene gibt. Die richtige Zuordnung von Schnitt, Farbe und Motiv ist jetzt gefragt — und zu lösen. Dabei ist es natürlich am einfachsten, zuerst gerade Teile zu stricken, in „Kastenform", wie es sprachlich genau heißt. Dazu kommen mehr und mehr die verschiedensten Strickmuster, Rippen- und Reismuster etwa oder Zopfmuster und Kreuzstich. Das Stricken mit zwei Farben beginnt, beispielsweise beim Norweger-

pullover, auch Abschlußarbeiten, wie Zusammennähen, Knopflöcher anbringen, Reißverschlüsse einnähen, Fransen und Quasten gefällig anfertigen, einknüpfen oder befestigen, gehören zum Kursprogramm.

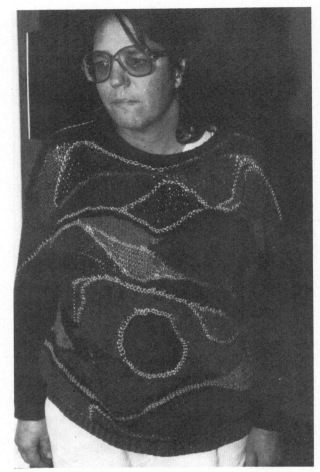

Das Strickmuster dieses Pullovers geht schon in Richtung Kunst

Wenn nach einem bestimmten Muster oder Maß gearbeitet wird, geht es natürlich ohne Maschenprobe nicht ab, schließlich muß man ja wissen, wie viele Maschen auf eine bestimmte Anzahl von Zentimetern kommen müssen. Auch dem Erfahrenen passiert immer wieder das Malheur, daß Maschen „herunterfallen", die dann zweckmäßigerweise mit einem Häkelhaken wieder aufgenommen werden — all das wird gelernt und geht in gekonnte Routine über.

Mit fortschreitender Lern- und Übungszeit wagt man sich, wie die Erfahrung lehrt, auch an schwierigere Muster heran, die teilweise mit ihrer höchst anspruchsvollen und ausdruckskräftigen Gestaltung schon in den Kunstbereich hineinreichen, zumal dabei vom herkömmlichen Stricken abgewichen wird. So kann beispielsweise, wie ein Bild zu diesem Abschnitt zeigt, ein Pullover mit verlängerten und wieder verkürzten Reihen gestrickt werden, was etwa folgendes bedeutet: man hört in einem Strickteil abrupt, sozusagen „mittendrin" auf — strickt zurück und erhält so sehr ansprechende Motive. Selbstverständlich sind für solch verfeinerte Strickkunst ein hohes Maß an Strickverständnis und sehr viel Phantasie, aber auch solide Geduld, unerläßliche Voraussetzungen.

Erstaunt waren wir auch darüber, wie „richtige" Knoten gemacht werden müssen und haltbarer als die allgemein erlernten und bekannten Knoten sind oder wie Fehler in dieser Handarbeit gerade als Markenzeichen gegenüber der Konfektionsware gefällig belassen und „eingearbeitet" wurden, bewußt als Unterschied zum Fabrikationserzeugnis.

Daß Lernen und Können, Anregungen und Gesel-

ligkeit auch beim Stricken stets eine erfreulich kreative Atmosphäre schufen, war eine sehr angenehme Erfahrung.

Pullover quer gestrickt mit dreifädig verzwirnter Wolle, rechts mit meliertem Garn

Literaturhinweis:
„Stricken" — verständliche Anleitung, von Mary Walker-Phillips, Otto Maier Verlag, Ravensburg

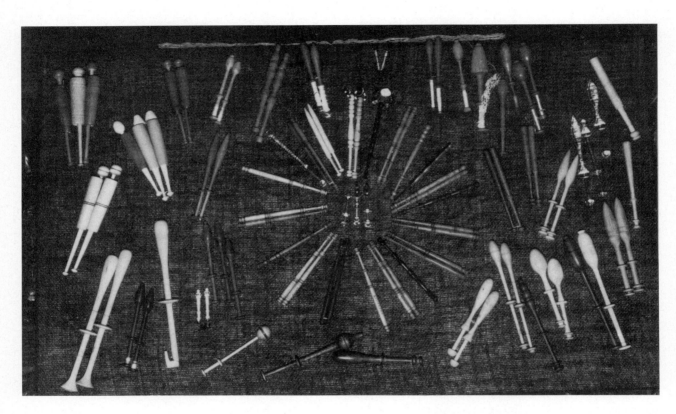

Teil einer Klöppelsammlung von Inge Theuerkauf

III. Klöppeln – eine kunstvolle Handarbeit

Wie kunstvoll das Klöppeln ist, zeigt eigentlich allein schon die Tatsache, daß für einfache Spitzen zwischen 12 und 24 Paar Klöppel, für feine und feinste Spitzen bis zu 150 Paar (!) Klöppel benötigt werden. Eine Kursteilnehmerin sagte nach drei Klöppelkursen spontan: „Für mich ist Klöppeln das Schachspiel unter den Handarbeiten", ganz sicher eine zutreffende Beschreibung. Doch keine Bange bitte! Zwar glauben manche, daß sie es „nie schaffen"; aber die Erfahrung beweist, daß bereits am zweiten Kursabend eine erste Spitze für eine Decke sehr gefällig geklöppelt werden kann. Etwas Mut und Geduld gehören nun einmal dazu. Und es ist ganz erfreulich, daß immer mehr junge Menschen – auch Jungen! – diese ebenso wunderschöne wie kostbare Handarbeit entdecken.

Bereits zu Beginn des 15. Jahrhunderts sind in den Niederlanden und in Italien Spitzen geklöppelt worden. Offenbar hat sich dann diese Handarbeitskunst sehr rasch verbreitet, unter anderem auch in Frankreich und Belgien. Nicht nur in diesen Ländern, sogar in Städten kam es dabei zu einem besonderen Spitzentypus, der sich bis heute weitgehend gehalten hat (z. B. Flandrische Spitzen, Brüsseler Spitzen, Brügger Duchesse, Florentiner Spitze, Dänische Tüll- und Tondern-Spitzen).

In Deutschland ist die Klöppelarbeit untrennbar mit dem Namen Barbara Uttmann verbunden, durch die gegen Ende des 16. Jahrhunderts die Klöppelarbeit vor allem im Erzgebirge eingeführt und gefördert wurde. Noch heute gibt es dort eine nach ihr benannte Klöppel-Schule.

Die Entwicklung dieser Handarbeit hat historisch viele Auf und Ab erfahren. Während zum Beispiel im 17. und 18. Jahrhundert, in den Zeiten des Barock und Rokoko, wahre Meisterwerke der Klöppelkunst geschaffen wurden, ging das Klöppeln mit der Französischen Revolution und dem damit verbundenen Sturz des Könighofes, aber auch mit dem Beginn des Industriezeitalters im letzten Jahrhundert stark zurück. Wie vielfach auch anderweitig war die maschinell hergestellte Spitze (Stichwort: Bobinet-Maschine) billiger als die handgeklöppelte Spitze.

Erfreulicherweise wird diese so feine Handarbeit wieder neu entdeckt. Auch hierzu gilt ja das bisher immer wieder Betonte: es wird manuell etwas Eigenständiges und Ganzheitliches geschaffen. Nicht zuletzt ist auch diese Wiederentdeckung Menschen aus dem Erzgebirge zu verdanken, die nach dem zweiten Weltkrieg als Vertriebene oder Flüchtlinge diese Handarbeitskunst auch zu uns brachten.

1. Grundelemente und Techniken

Zunächst wird das Klöppeln mit Klöppelpaaren erlernt. Etwa 10 Paar Klöppel reichen für die ersten Arbeiten aus. An Hand von farbigen Zeichnungen erlernen die Kursteilnehmer sofort die drei Grundschläge des Klöppelns: lila = Leinenschlag, grün = Halbschlag und rot = Ganzschlag. Unmerklich wird dabei zugleich das spätere Einsetzen verschiedener Farben eingeübt. Zuerst ist das Klöppeln eines einfachen Streifens das Ziel.

Neben den Klöppeln wird ein Klöppelkissen (hier und dort auch Klöppel-Platte genannt) benötigt. Manche Klöppel-Schulen halten das walzenartige Kissen für ideal, das auch als Rolle bezeichnet wird, beispielsweise in Dänemark und im Erzgebirge. Die Kissen können selbst angefertigt werden. Wichtig ist, daß sie gut gestopft sind, damit die Nadeln (Steck- und Umstecknadeln) einen festen Halt finden. Zum Ausstopfen eignen sich deshalb vor allem Nessel, Inlett o. ä.

Für das zu verwendende Garn gilt eine einfache Grundregel: Je feiner eine Klöppelarbeit ist bzw. werden soll, umso feiner muß das Garn sein. Soll also zum Beispiel handgewebtes Leinen mit Spitzen geschmückt werden, ist grobes Leinengarn ausreichend. Wird eine ganz elegante Klöppelarbeit angestrebt, muß auch das Garn entsprechend fein gewählt werden — bis zu einem geradezu haarfeinen oder hauchdünnen Garn. In der Regel wird das Klöppeln mit einem Baumwollgarn oder einem Leinenfaden begonnen.

Eine Torchon-Spitze wird geklöppelt

Beim Klöppeln gibt es nur zwei Handbewegungen: *Drehen und Kreuzen*. Diese beiden Techniken ergeben in ihrer Aufeinanderfolge auch die bereits genannten Grundschläge und werden daher von Anfang an eingeübt:

drehen und kreuzen = Halbschlag (Netzschlag)

zweimal Halbschlag, also drehen/kreuzen-drehen/kreuzen = Ganzschlag (in mehrfacher Wiederholung = Flechtschlag)

kreuzen-drehen-kreuzen = Leinenschlag

Eine junge Anfängerin bei ihrer ersten Klöppelarbeit

Zurückkommend auf den Beginn dieses Abschnitts, ist es also Ziel für den Anfänger, nach etwa 8 bis 10 Kursabenden eine einfache Spitze für Decken selbst herzustellen, was viele „Neulinge" zunächst nicht für möglich halten, um desto mehr

Verschiedene Torchon-Spitzen (entnommen dem Buch „Anspruchsvolles Klöppeln", vgl. Literaturhinweis zu diesem Kapitel)

27

dann über ihr Können erstaunt zu sein. So wird mit dem Klöppeln der *Torchon-Spitze*, salopp auch Handtuch- oder Gebrauchs-Spitze genannt, begonnen. Sie ist relativ einfach auszuführen, zumal der „Lehrling" hierbei nach vielfältigen Zeichnungen bzw. Klöppelbriefen arbeitet und sich dabei die Grundlagen der Klöppeltechnik systematisch aneignet. In der Torchon-Spitze sind alle drei Grundschläge enthalten.

Natürlich erlernt der Anfänger vom Beginn an weitere Techniken und Fertigkeiten, zum Beispiel das richtige Halten der Hände, das Verknoten von gerissenen oder neuen Fäden (Weberknoten, Schlingknoten), das Abschließen einer Spitze oder den Einsatz einer extrem feinen Häkelnadel, mit der mitunter Garn- bzw. Fadenverbindungen geschaffen werden müssen. Auch das Annähen einer Spitze an einen Stoff will gelernt sein, damit es haltbar und unauffällig zugleich ist. Den Stich zu diesem Annähen nennt man „Nonnenstich".

2. Feine Spitzen und Motive

Natürlich wächst mit dem Klöppeln feinerer Spitzen und Motive auch der Schwierigkeitsgrad. Bis zu 30 oder gar 40 oder, je nach Ausbildungsstand und eigener Kreativität, gar noch mehr Klöppel-Paare werden jetzt benötigt.

Im wesentlichen geht es nunmehr darum, verschiedene Formen oder Motive miteinander zu verbinden und zusammenzubringen. Auch gilt es jetzt, Motive und Darstellungen (Figuren, Tiere, Bäume) in ein Grundnetz einzuarbeiten, o h n e daß der Faden abgeschnitten wird. Anders ausge-

Sehr gefällige Klöppelarbeiten nach Vorlagen (oben) − kunstvolle Klöppelarbeiten nach eigenen Entwürfen (unten)

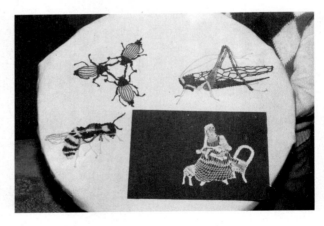

drückt: Netz und Motiv werden zusammen bearbeitet. Hierbei werden die „Klöppeler" ermuntert, auch eigene Motive zu suchen und zu entwerfen, denn − so die Kursleiterin sehr treffend − „es beginnt ein Zeichnen mit Fäden"!

Sehr kunstvolle Arbeiten: Grobes Bloemwerk (Brügge), Brügger Duchesse und Florentiner Spitze (von links)

Schon bei unserer historischen Rückschau wurde auf den besonderen Spitzentypus in Ländern und Städten hingewiesen. Jetzt ist zu ergänzen: jede dieser Spitzen hat auch ihre besonderen Techniken, die beachtet werden müssen, will man eine solche Klöppelspitze herstellen (vgl. als Beispiele hierzu die Bilder von Klöppelarbeiten).

Zu diesen fortgeschrittenen Klöppelarbeiten gehören, um nur diese Beispiele stellvertretend anzu-führen, die *Idria-Spitze* und die *Cluny-Spitze*. Bei der Idria-Spitze handelt es sich um eine Bänder-spitze als Gebrauchsspitze (die übrigens, weil „nur" mit 6 Klöppelpaaren herzustellen, relativ früh geklöppelt werden kann). Die Besonderheiten der Cluny-Spitzen (so genannt nach dem Cluny-Museum in Paris, in dem diese Art von Spitzen ge-zeigt werden) sind die Flechtstäbe mit Pikots, die Formenschlagblätter und die das ganze Dessin durchlaufenden Leinenschlag- oder Halbschlagbänder. Ähnlich, wenn auch mit kleiner Änderung, wird auch die *Bedfordshire- oder Beds-Maltese-Spitze* geklöppelt.

Selbstverständlich sind der Phantasie, der Gestaltungskraft und dem persönlichen Engagement in diesem Stadium des Klöppelns kaum Grenzen gesetzt. Jetzt kann man sich an phantasievolle Eigenentwürfe ebenso heranwagen wie an sehr anspruchsvolle Klöppelarbeiten, etwa an die dänischen Tüll- und Tondern-Spitzen, an flandrische Spitzen, an Brügger Duchesse oder auch englische Honiton-Spitzen. Wie bedeutsam diese Unterscheidungen sind, zeigt ein Beispiel: Flandrische Spitzen haben eine ganz andere Art, Paare aus dem Grund in das Motiv hineinzunehmen als die Torchon-Spitze.

Der Ausgestaltung der Klöppelarbeiten unter Einbeziehung besonders feiner und kunstvoller Fertigkeiten steht nichts mehr im Wege, nur ganz wenige Stichworte: Zierbänder, Borte und Medaillons, kleinere und größere Motivdarstellungen, Kragen und Ärmelbündchen oder Spitzeneinsätze bei Kleidern und Blusen. Ein eigenes Werk ist auch beim Klöppeln entstanden und vollendet worden — und ein großartiges Schmuckstück dazu.

Literaturhinweise:

„Klöppeln" von Brigitte Bellon, Frech-Verlag Stuttgart
„Klöppeln — eine alte Handarbeit neu belebt" von Katharina Egger, Verlag Paul Haupt, Bern und Stuttgart
„Anspruchsvolles Klöppeln" von Pamela Nottingham, Verlag Paul Haupt, Bern und Stuttgart.

Eine prächtige freie Klöppelarbeit
„Zwei Kraniche" auf selbstgedrechseltem Paravent

IV. Auch Nähen ist kreatives Tun

„Es sieht genauso gut aus wie gekauft" ... Diese Aussage, die dem Näherfahrenen mitunter nicht gerade gut schmeckt, ist dennoch als Kompliment zu verstehen. Der Außenstehende will mit diesem leicht hingeworfenen Satz im Grunde nur seine Anerkennung für eine hübsche selbstgenähte Bluse oder Schürze oder ein attraktives selbstgeschneidertes Kleid zum Ausdruck bringen. Und im Gegensatz zu den vom Märchen her bekannten neuen Kleidern des Königs fällt das selbstgenähte und damit vom Entwurf bis zur Vollendung doch selbstgeschaffene und gestaltete Kleidungsstück angenehm auf.

Aber auch beim Nähen kommt eine menschliche Erfahrung immer wieder zum Ausdruck, wie wir sie auch in allen anderen Kursen erfahren konnten. Auf etwas Selbstgeschaffenes ist man stolz und darf es auch mit vollem Recht sein. Nein, das mache sie nicht, weil sie es nie schaffe, meinte eine Kursteilnehmerin zur Einladung, sich an ein bestimmtes Kleidungsstück heranzuwagen. Sie schaffte es doch — und wie! — und ist heute bereits zum zehntenmal in einem Nähkursus. Wenn erst einmal das erste Sweetshirt selbst genäht worden ist, „sind die Teilnehmerinnen happy über ihre Leistung", formulierte es die Kursleiterin.

Natürlich — ohne Fleiß gibt es auch beim Nähen keinen Preis. Doch, wie auch in anderen Kursen, wird auf eine gute Mischung von Anfängern und Fortgeschrittenen großer Wert gelegt. Einmal erfährt der Anfänger dadurch, daß es im Laufe der Zeit auch ihm möglich sein wird, schwierigere Sachen meistern zu können, er wird sozusagen ständig ermuntert, auch wenn er bescheiden erst einmal damit beginnen muß, gerade Nähte an der Nähmaschine intensiv zu üben. Zum anderen ergeben sich aus solchen Mischungen viele gegenseitige Anregungen und, vor allem, Hilfen, die auch ganz schnell etwaige Hemmschwellen abbauen. Wäre doch gelacht, wenn ich nicht selbst auch ...

1. Einfaches

Natürlich erscheint dem Anfänger so ziemlich alles beim Nähen erst einmal schwierig. Wo gäbe es das nicht? Da muß er, wie bereits erwähnt, lernen, gerade Nähte mit der Nähmaschine zu nähen (Nähzeug muß mitgebracht werden, eine Nähmaschine sollte zu Hause unbedingt zur Verfügung stehen). Oft genug haben die Teilnehmer, Anfänger wie Fortgeschrittene, ganz konkrete Vorstellungen davon, was sie nähen wollen. Und manchmal muß die Kursleiterin auch zur Selbstbescheidung raten, da manche Vorstellungen ohne längere Erfahrungen und Kenntnisse eben nicht so rasch zu verwirklichen sind und allein durch dieses Mißverhältnis zwischen eigener Vorstellung und Verwirklichungsmöglichkeit mitunter dann die Lust verloren gehen kann. Also auch hier Regel Nr. 1: Sich am Anfang nicht zu viel vornehmen!

Die Herstellung einfacherer Sachen, etwa halbe Schürzen oder auch Sofakissen, steht für den Anfänger mithin erst einmal am Beginn.

Er braucht zudem eingehende Beratung und Informationen zur Auswahl von Stoffen und über den

Kauf von Schnitten. Wie schneidet man Schnitte überhaupt aus? Wie kopiert man aus Modeheften? Wie geht man am besten nach den Anleitungsbogen beim Zuschneiden vor, vor allem am sparsamsten? Das sind nur einige wenige Fragen, die von Anfang an, also auch beim Nähen einfacher Stücke, beantwortet werden müssen. Ganz wichtig ist dabei auch das „richtige Hineinschneiden", wie es die Kursleiterin erklärte. Es geht also auch beim Nähen nicht „ruck-zuck".

Nicht selten ist aber auch der Anfänger schon relativ früh in der Lage, von der einfach genähten Schürze beispielsweise zur Fertigung einer Hose übergehen zu können. Ebenso wie beim Nähen anderer Kleidungsstücke, einfacher oder schon schwierigerer Stücke, kommen modische Fragen und Überlegungen ins Gespräch, werden untereinander erörtert, und eine entsprechende Beratung und Anleitung ist auch hierbei selbstverständlich. Daneben immer wieder neues Erlernen und Einüben, beim Zuschneiden etwa das richtige Übertragen von Linien, beispielsweise für Taschen. Das Zusammennähen will gekonnt sein. Und dazwischen immer wieder Anprobieren, sorgfältige Betrachtung und Überprüfung.

Die Anfertigung einer Hose plus passender Bluse ist durchaus in einem Kursus möglich, wenn, ja wenn auch zu Hause weitergearbeitet wird (eine Notwendigkeit übrigens, die für viele Kurse gilt). Erste schwierigere Arbeiten sind zu bewältigen: Beispielsweise das Nähen von Knopflöchern, Manschetten oder Kragen. Ein erstes Fazit schon nach wenigen Abenden: Die Teilnehmerinnen werden immer mutiger.

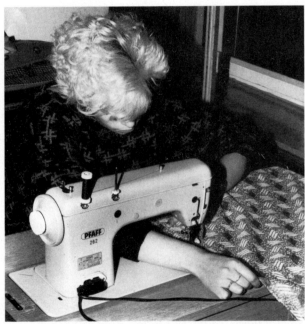

Beim Zuschneiden einer Hose und Nähen eines Rocks

2. Feinheiten

Natürlich wächst mit dem zunehmenden Können auch der Wunsch, ganz besondere und kostbarere Kleidungsstücke zu nähen. Auch hier wie in vielen anderen Kursen die erfreuliche Tatsache, daß ein nicht unerheblicher Teil der Kursteilnehmer zu mehreren Kursen gern wiederkommt, manche bereits seit Jahren.

Man will sein Können und seine Möglichkeiten nunmehr „ausloten", zum Beispiel das Anfertigen eines langen Kleides angehen oder Jacken mit schicken Reverskragen. Dabei spielt noch mehr als zuvor der Stoff eine gewichtige Rolle, denn nicht jeder Stoff ist für die gleiche Näharbeit gleich gut verwendbar. Da gibt es sogenannte schwere und leichte Stoffe, auch mit Leder oder Alcantara soll gearbeitet werden. Letztere kann man zum Beispiel nicht stecken, hier müssen Büroklammern herhalten. Muster auf Muster müssen exakt passen, etwa bei Karos. Das alles ist erlernbar, und es gilt auch beim Nähen, daß man im Grunde nie auslernt.

Natürlich ist das Nähen eines Brautkleides aus Seide, mit Spitzen und Tüll, ein besonderes Erlebnis. Das darf durchaus ja auch für die eigene Silberhochzeit sein, nicht wahr? Dazu nur ein kleiner interessanter Hinweis: für ein solches langes Kleid in mittlerer Größe wird ca acht Meter Stoff bei einer Breite von 1,40 Meter benötigt. Und, wenigstens hier auch der Hinweis: es lohnt sich auch finanziell, selbst zu nähen.

Sicher, der eigene Zeitaufwand kann kostenmäßig nicht umgerechnet werden. Er soll es auch nicht, da das Selbst-Schaffen diesen Aufwand mehr als ausgleicht. Jedenfalls betrugen bei besagtem langen Kleid für die Silberhochzeit die Materialkosten nicht einmal die Hälfte des Kaufpreises eines vergleichbaren Konfektionskleides.

Im Zuge der Weiterentwicklung des eigenen Näh-Könnens kommen auch spezielle Fragen und Anliegen zur Überlegung und zu eigenem Tun dazu. Dann geht es zum Beispiel um eine schicke Sommer- und Wintergarderobe. Spezielle Überlegungen zu „richtiger" Kleidung werden gemeinsam angestellt, für Kinder und Jugendliche etwa, für das „Mittelalter" oder Ältere. Was paßt, was paßt nicht, was ist vielleicht zu gewagt, was würde besonders gut stehen? Fragen über Fragen, die zum Gespräch und zum Gedankenaustausch führen. Erfreuliches Fazit der Kursleiterin bei vielen Teilnehmerinnen, die schon länger zu den Kursen wiederkommen: „Ihre Arbeiten sind von den Arbeiten einer gelernten Schneiderin nicht zu unterscheiden"! Wenn solch Kompliment den eigenen berechtigten Stolz über das selbstgeschaffene Werk und damit das eigene Selbstwertgefühl nicht steigert!

Sehen sie nicht schick aus? Kursteilnehmerinnen in selbstgenähter Kleidung: Rock und Weste in grauer Baumwolle, geschmackvolle Bluse und Steghose, festliches Kleid in grün-schwarz gemusterter Baumwolle.

V. Makramee – kunstvolle Knüpfereien

Könnte Sie der oben abgebildete, kunstvoll geknüpfte Wandbehang, der in einer Wohnung eine ganze Wand schmückt und den Blick eines jeden

Besuchers sofort auf sich lenkt, nicht auch reizen? Natürlich gilt auch für diese kreative und wertvolle Knüpfarbeit die alte Erkenntnis, daß Rom nun einmal nicht an einem Tag gebaut wurde. Eine solche kostbare Handarbeit setzt Lernen und Üben, Erfahrung und Geduld voraus. Aber anfangen muß man halt, wenn am Ende ein kunstvolles Werk, gestaltet nach eigener Phantasie, stehen soll. Wie die anderen Bilder zur Makrameearbeit überdies zeigen, sind schon die ersten „einfachen" Knüpfereien als schmückender Gebrauchsgegenstand oder gar als Schmuck für Fenster und Wände in jedem Fall mehr als nur hübsche Dekorationen.

Es ist an dieser Stelle müßig, Überlegungen darüber historisch genauestens anstellen zu wollen, ob es die Assyrer, die Ägypter oder die Chinesen waren, die erstmals in der Menschheitsgeschichte diese Knüpfkunst anwandten, wahrscheinlich zunächst einmal, um durch bestimmte und schmuckvolle Verknotungen Gegenstände zusammenzuhalten. Jedenfalls wurden, wie wir aus Gräberfunden wissen, in Ägypten schon etwa 1000 v. Chr. künstlerische Knoten für Schmuckzwecke gemacht, waren also schon damals nicht mehr an bestimmte Zwecke gebunden. Geknüpft wurde übrigens zunächst mit Pflanzenfasern, Haaren und auch mit Streifen aus der Tierhaut.

Das Wort „Makramee", aus dem Französischen kommend, ist vermutlich arabischen Ursprungs. Tatsache ist, daß diese Knüpfarbeit zuerst wohl nur einfacheren Bedürfnissen und Notwendigkeiten diente, beispielsweise auch dem Knüpfen von Fischernetzen, dann aber relativ schnell eine große dekorative und ziervolle Bedeutung erlangte, vor allem in den alten Hochkulturen. Hierzu nur ganz wenige Hinweise: im alten China wurde der kunstvolle Knoten geradezu zu ornamentalen Formen entwickelt, und in Japan hatte er sehr früh zeremonielle Bedeutung; Assyrer und Babylonier knüpften prunkvolle Wandbehänge; die Inkas kannten gar eine Schrift aus Knoten, und kunstvolle Knotengedächtnisstützen waren in Tibet und Persien ebenso bekannt wie in Mexiko oder in Peru.

Im frühen Mittelalter kam dieses echte Kunsthandwerk nach Europa, allerdings mit ständigen Wechseln zwischen ausgesprochenen Blütezeiten und Epochen des Vergessenseins. Derzeit scheint wieder einmal eine unsichere Situation gegeben zu sein. Dennoch — Makramee, diese kunstvolle Knüpftechnik mit fransenartig aneinandergereihten Fäden, Garnen und Schnüren, ist ein hervorragendes Mittel, eigene Kreativität zu entwickeln. Es lohnt sich allemal.

1. Werkstoffe

Der Auswahl des richtigen Werkstoffes geht in der Regel die Beantwortung der Frage voraus, was geknüpft werden soll: ein Gebrauchsgegenstand oder zweckfreie Werkstücke.

Will man sich streng nach der alten Knüpftechnik richten, sind Fäden, Garne und Schnüre aus Naturfasern (Hanf, Jute, Flachs, Baumwolle, Wolle) immer geeignet und passen auch von der Ausdrucksform her am besten. Sie können in allen ihren Herstellungsarten und Stärken gefällig „eingesetzt" werden, versponnen, gedreht oder gezwirnt, gewirkt oder gewebt. Auch moderne Kunstfasern können für Makrameearbeiten durchaus in Frage kommen. All das wird bereits am ersten Kursabend eingehend besprochen.

Für jeden Zweck sehr schmückend: Als Blumenampel oder als Handtuchhalter ...

Ebenso natürlich wird gemeinsam überlegt (und entsprechend beraten), welche Motive zuerst angegangen werden können und sollen, welches einzuarbeitende schmückende Beiwerk verwandt wer-

... oder als Wandbehälter
für die verschiedensten Utensilien

den soll (Steine, Perlen, kleine Keramiken, Muscheln, Hölzer) und welches Knotenbild am geeignetsten für das zu gestaltende Gesamtmotiv ist. Im allgemeinen ist Hanf eine ideale Schnur für Anfänger, die sich besonders für strapazierbare Gebrauchsgegenstände, wie Taschen und Netze, eignet, aber auch für modische Accessoires, wie Gürtel und Halsschmuck.

Für dekorativen Wandschmuck oder für Lampenschirme oder Blumenampeln wird erfahrungsgemäß zur Jute gegriffen, die sich wegen ihrer Faserung leicht verarbeiten läßt und wegen ihrer Füllfähigkeit und Schmiegsamkeit auch preiswerter ist als etwa Sisal und Wolle. Der Anfänger beginnt zumeist mit weicherem Material, mit Hanf und einer gut gedrehten Baumwolle. Auch letztere ist sehr reißfest und läßt sich ebenfalls in vielen Farben kombinieren. Sisal dagegen wird eher bei rustikalen Motiven gebraucht, zumal dabei Sisal als eigenständiges Charakteristikum gut zur Geltung kommt.

Wolle kann in den apartesten und originellsten Farbkombinationen Verwendungen finden, beispielsweise bei Westen oder Stolen, bei Wandbehängen oder Lampenschirmen, sogar in Borten und Fransen. Flachs ist für besonders schmückende Accessoires geeignet; bei der Kunstfaser, die allerdings äußerst sorgfältig geknüpft werden muß, ist allein schon der Glanz für die Motivgestaltung sehr reizvoll. Die Verwendung von Bast, Gardinenschnüren, Leder u. ä. sollte jedoch dem Fortgeschrittenen vorbehalten bleiben.

Bezüglich Werkzeug ist kein großer Aufwand nötig. Es genügen Metermaß oder Lineal, Schere,

Häkel- und Stopfnadeln. Schraubzwingen sind nicht unwichtig – größere Unterlagen können damit zum Beispiel gut an einer Tischplatte befestigt werden oder zum Abmessen von Fäden sehr dienlich sein. Stecknadeln sind ebenfalls nötig, bei den stärkeren Garnen, wie Jute und Sisal, ist es leichter, mit den stabileren Glaskopfstecknadeln zu arbeiten.

2. Knüpftechnik

Wie die Arbeitsschnüre auf den Trägerfaden auf- bzw. angehängt werden, wird in den Kursen selbstverständlich von Anfang an erlernt und eingeübt.

Dabei spielt der *Weberknoten*, auch Kreuzknoten oder Flachknoten genannt, eine wichtige Rolle. Es gilt, wie auch beim sogenannten halben Weberknoten, diese Knüpfformen auch zu Hause intensiv zu üben. Gerade bei der Makramee-Arbeit sind die vielfältigen Variationen des Weberknotens echte Gestaltungselemente für das zu schaffende Motiv selbst und nahezu unerschöpflich. Schon der Anfänger ahnt und sieht schon sehr bald, was man beispielsweise alles mit dem versetzten Weberknoten anfangen kann.

Ein weiterer wichtiger Knoten ist der *Cordonknoten*, auch als Rippenknoten oder Doppelschlag bekannt. Auch hierbei, wie aber auch bei der „Mischung" mit dem Weberknoten, gibt es eine Fülle von Variationsmöglichkeiten. Mit dem Cordonknoten kann, um nur diese kleinen Möglichkeiten zu nennen, die Oberflächenstruktur äußerst ansehnlich geprägt werden, sowohl in strengen sym-

metrischen An- und Zuordnungen als auch in freier ornamentaler Gestaltung. Es würde für unser Anliegen einfach zu weit führen, auf weitere Einzelheiten einzugehen.

Die Palette möglicher Makrameearbeiten ist schier unerschöpflich. Von der Tasche und etwa einem Gürtel über runden und geraden Wandbehang für die unterschiedlichsten Gebrauchs- und Schmuckzwecke (siehe auch die Bilder von Makrameearbeiten) bis zu Lampengarnituren, Capes, Boleros oder Hängematten reichen die Gestaltungsmöglichkeiten. Originelle Wandteppiche, klein oder groß, werden ebenso gern und kunstvoll geknüpft wie außergewöhnliche Blumenampeln oder sogar Badezimmergarnituren. Am Ende steht auch bei diesem Kunsthandwerk eine eigene Schöpfung. Ein Werk, dessen Fertigung und Gestaltung für jeden erlernbar ist und große Freude bereitet.

Die Eule, ein beliebtes Motiv als Wandschmuck — sehr ansehnlich der rustikale Makramee-Lampenschirm (links)

Literaturhinweise:

„Makramee", Schöpferisches Knüpfen mit Fäden und Schnüren, von Freya E. Lentz, Frech-Verlag, Stuttgart

„Macramé", Anleitungen und Modelle, Land & Cie, Reiden/Schweiz

Zwei Krippen —
oben mit Rupfenpuppen,
unten mit bestickten
Figuren aus Jute

VI. Was man aus Rupfen und Jute alles machen kann

Aus Rupfen oder Sackleinen etwas Dekoratives basteln? Oder gar mit Jute kunstvolle Gebilde herstellen? Na, na, mag mancher denken, der sich nicht vorstellen kann, daß tatsächlich mit derart „sperrigem" Material etwas Schönes anzufangen ist. Kunstvolles sogar, ob für den alltäglichen Gebrauch oder als sehr ansprechender, ja sogar wertvoller Schmuckgegenstand. Und, wie die Erfahrung zeigt, hat mancher, der wohl gern kreativ etwas lernen und tun möchte, keine rechte Traute gerade zu dieser schöpferischen Gestaltung aus Rupfen, Sackleinen oder Jute.

Die Erfahrung belegt aber auch, wie auf Ausstellungen immer wieder festzustellen ist, daß gerade der distanzierte Betrachter von der Fülle möglicher Gestaltungen mit diesen Materialien beeindruckt ist und langsam, aber sicher, seine Skepsis aufgibt. Es ist ja allein schon ein erfreulicher Anblick, Rupfenpuppen in wunderschönen und landschaftlich echten Trachten oder kunstvoll bestickte Lampen-

Zwei hübsch gestaltete Rupfenpuppen-Pärchen

schirme aus Jute anzuschauen und unmittelbar zu erleben. Von den wunderbaren und kostbaren Krippen, an denen mitunter die ganze Familie mitarbeitet, ganz abgesehen.

Doch der Reihe nach.

1. Basteln von Rupfenpuppen und -figuren

Aus Rupfen oder Sackleinen entstehen die Formen der Puppen, die es sodann gefällig zu bekleiden gilt. So in etwa können die entsprechenden Kurse beschrieben werden. Was sich jedoch hinter dieser etwas lapidaren Formulierung verbirgt, ist rundum kunstvolle und geschmackvolle Handarbeit. Und eine unter sachkundiger Anleitung relativ schnell zu erlernende Handarbeit, die die Phantasie herausfordert.

Sorgfältig wird Hanf für Haare ausgekämmt

Die Puppen aus grobem Gewebe findet man vorwiegend im Alpenländischen, vor allem in Tirol, erläutert die Kursleiterin Herkunft und Tradition der Rupfenpuppen. Von daher wird auch verständlich, warum sich solche Puppen, auch vom Material her, besonders gut für ländlich-deftige Gestaltungen eignen, mit Trachten, wie sie seit vielen Generationen getragen werden. Deshalb müssen jedoch die Rupfenpuppen keineswegs mit Trachten bekleidet werden. Der modischen Phantasie ist hier, um dies nochmals zu betonen, keine Grenze gesetzt. Im Gegenteil!

Im allgemeinen haben diese Puppen eine Größe von etwa 30 cm. Natürlich kann eine Puppe naturgetreu als Schwarzwälderin, Allgäuerin oder Tirolerin gestaltet und ausgestaltet werden, aber auch ein Großelternpärchen mit der strickenden Oma und dem zum Feierabend gemütlich sein Pfeifchen rauchenden Opa ist ein hübsches Motiv, ebenso die auf dem Besenstiel reitende Hexe, eine Bäuerin im

Ein Kleid für eine Rupfenpuppe wird zugeschnitten

Sonntagsstaat, die reizend gekleidete Familie oder der Schäfer in seinem typischen Fellmantel.

„Bis ich so etwas zustande gebracht habe, vergeht ja eine Ewigkeit", meinte eine junge Anfängerin beim Anblick der von der Kursleiterin zunächst vorgestellten schicken Modelle — um am fünften Kursabend über die von ihr selbst gebastelte erste Rupfenpuppe richtig stolz sein zu können, „was ich nie erwartet hatte".

Wir wollen kurz den Ablauf des Grundkursus über fünf Abende schildern:

● Am ersten Abend werden Kopf und Unterbau (Kopf und Kegel) gefertigt. Selbstverständlich steht das erforderliche Material sofort zur Verfügung: naturfarbener Rupfen, Styroporkegel für den Unterbau, Wattekugel für den Kopf, um zunächst nur diese Materialien zu nennen. Nur Nähzeug muß mitgebracht werden.
● Am zweiten Abend sind der Oberkörper sowie die Arme und Beine an der Reihe. Auch diese Puppenteile werden, wie schon am ersten Abend, mit Rupfen beklebt bzw. bekleidet. Die Puppe wird jetzt bereits zusammengesetzt. Natürlich stehen auch an diesem Abend Figurendraht für Arme

Rupfenpuppen in verschiedenen Trachten und Kleidungen, links original nachempfunden eine Tirolerin, daneben eine Allgäuerin

und Beine, Füllwatte, Alleskleber und Wickeldraht zur Verfügung.

● Am dritten Abend geht es um die Frisur aus Hanf. Aber nicht so einfach nur um Haare. Welche Frisur paßt zu dem vorgestellten Modell und seiner Bekleidung? Genau darum geht es wesentlich. Und eben hier beginnt nach dem Handwerklichen kreatives Gestalten. Vielleicht eine Gretchenfrisur oder Zöpfe oder Knoten oder eine elegante Hochsteckfrisur oder Frisur mit Pferdeschwanz, glatte oder krause Kurzhaarfrisuren oder bei männlichen Puppen vielleicht auch einen Bart …?

● Am vierten Abend ist Mode gefragt – es gilt jetzt, die Kleidung zusammenzustellen und zuzuschneiden. Auch hier manche Fragen und Gespräche: Rock und Bluse vielleicht oder ein schmuckes langes Kleid mit Schultertuch, mit oder ohne Mieder und Schürzen? Unter den Teilnehmern beginnt spätestens jetzt auch das lebendige Gespräch über Moden früher und heute, nicht selten diskutieren hierüber Mütter und Töchter, die gemeinsam im Kursus arbeiten.

● Am fünften Abend geht es dann um die nötigen und zugleich schmucken Zubehörteile, etwa um Hüte und Schirmchen, Strümpfe und Schuhe, Blumenkörbchen und Halskettchen, Taschen und Körbe, Schmuckwerk mit Borten und Spitzen, Brillen und Pfeifchen und und und … Auch das muß ja stimmig sein, es muß zur Puppe und ihrer Kleidung harmonisch passen.

Natürlich geht es an keinem Abend ohne Anleitungen und Übungen für Strick-, Häkel- und Stickarbeiten ab. Auch der Hohlsaum muß gekonnt gefertigt sein. Denn die Kursteilnehmer sollen jede Kleinigkeit selbst machen, beispielsweise wenn ein Latzschürzchen mit Volant der Puppe den richtigen „Pfiff" geben soll. Bei Trachten muß die Historie bedacht werden, damit alles echt ist, kurzum: es muß jedes Detail stimmen, denn – so die Kursleiterin – „jede Puppe soll etwas ganz Bestimmtes darstellen". Die Anfertigung einer Rupfenpuppe mit feiner Ausstattung dauert zwischen acht und zehn Stunden. Dieser relativ geringe Zeitaufwand

Haben Sie schon eine Anregung für Ihr künftiges, ganz persönliches schöpferisches Tun erhalten? Wenn noch nicht – lesen Sie bitte ruhig weiter. Auch für Ihre ganz persönlichen Interessen, Neigungen und Wünsche ist in den reichhaltigen Angeboten der Volkshochschule ganz bestimmt etwas dabei.

Natürlich – den ersten Schritt müssen Sie nun einmal selbst tun. Aber der Weg lohnt sich allemal, wie Ihnen dies Tausende von Kursabsolventen bestätigen können. Und machen wir uns nichts vor. In jedem von uns steckt doch in Wirklichkeit die Sehnsucht, in fruchtbarer Muße einmal, losgelöst von den Verpflichtungen des Alltags, eine kleine Schöpfung aus uns selbst heraus zu schaffen und zu vollenden, oder…?

Und bedenken Sie: Sie werden auf Ihrer kreativen Wegstrecke immer von erfahrenen und einfühlsamen Kursleitern, Dozenten, aber auch von anderen Kursteilnehmern behutsam begleitet. Also, bitte, haben Sie Mut und Vertrauen in Ihre eigenen Fähigkeiten! Fragen Sie einfach mal an.

für ein gefällig gearbeitetes und gestaltetes Werk ist wohl kaum zu groß oder …?

Selbstverständlich kommt es im Laufe der Zeit, spätestens im nächsten Kursus, zu weiteren Feinarbeiten mit und an Rupfenpuppen. Die Phantasie ist geweckt, eigene Vorstellungen sollen für verschiedenste Zwecke verwirklicht werden. Da kann es um weitere Originaltrachten gehen, dort soll ein bestimmter Standort, eine Eichentruhe etwa, mit einer rustikalen Puppe geschmückt werden, sozusagen als attraktiver Blickfang.

Eine Tischlampe mit besticktem Schirm aus Jute in Naturfarben

In diesen Zusammenhang gehört auch das Basteln von *Krippenfiguren* aus Rupfen, in einem eigenen Kursus angeboten. Hierbei sind der Zahl und Gestaltung kaum Grenzen gesetzt. Und — auch diese Figuren zu diesem speziellen Zweck können immer wieder nachgearbeitet werden, was auch geschieht. Erfahrungsgemäß werden in solch speziellem Kurs vier Krippenfiguren geschaffen, zu Hause oder im nächsten Kurs kommen weitere Figuren hinzu. Fast immer werden jetzt auch die Väter einbezogen, die für das richtige „Beiwerk" sorgen, nämlich Stall, Krippe, Bänke usw. Kein Zweifel: da entsteht dann ein Kunstwerk, an dem man seine helle Freude haben kann. Nicht nur zu Weihnachten. Auch hier gilt dann dasselbe wie in allen kreativen Kursangeboten: ein schmuckes persönliches Werk ist eigenständig als etwas Ganzheitliches entworfen, gestaltet und vollendet worden.

2. Freies Sticken auf Jute

Ganz exakt muß so jene Handarbeit bezeichnet werden, die Jutestoffe, aber teilweise auch Rupfen, für verschiedene Zwecke, zum Gebrauch wie zum Schmücken, individuell bearbeitet und gestaltet. Dabei kann es um das Besticken von Lampenschirmen ebenso gehen wie um das Besticken von Fenster- und Wandbildern. Auch bei dieser Handarbeit ist immer die Phantasie gefragt.

Der Kursteilnehmer bringt nur Nähzeug mit. Ihm werden Arbeiten aus Jute vorgestellt, in Naturfarben und in Hell- und Dunkelbraun, also auch vom „Stoff" her in zwei- oder dreifarbigen Kombinationen, nach verschiedenen Motiven und für unterschiedliche Zwecke gefertigt und gestaltet. So wählt der Anfänger zunächst selbst aus, welchen Gegenstand er „angehen" will. Jutestoff wird zur Verfügung gestellt.

Natürlich müssen auch hier immer wieder bestimmte Handarbeitsfertigkeiten mit erlernt oder vervollständigt werden. Das gilt beispielsweise in hohem Maße für das Sticken und Häkeln. Auch müssen die Stoffe genauestens versäubert, das heißt: mit der Nähmaschine abgekettet werden. Dasselbe gilt für das Zuschneiden und Zusammennähen des Jutestoffs. Ein kleiner Hinweis in diesem Zusammenhang: für einen Tischlampenschirm wird in der Länge etwa 40 cm Jutestoff benötigt, der in der Regel 1,30 m breit liegt.

● Am Anfang steht erfahrungsgemäß die Anfertigung und Gestaltung von *Lampenschirmen.* Dabei werden nach Pappschablonen Bäume auf den Stoff gezeichnet. Die Kursteilnehmer entscheiden nunmehr selbst darüber, wie sie diese Bäume „technisch" gestalten wollen, mit Knötchen oder Langettenstich oder auch mit dem Stielstich (ein kleiner fachlicher Hinweis: der Langettenstich dient fast immer zur Sicherung von Randverzierungen, der Stielstich geht in verschiedene Stichrichtungen — von links nach rechts und umgekehrt, von oben nach unten und umgekehrt).

Bereits in diesem Stadium wählt der Kursteilnehmer in Eigengestaltung auch weitere Ausführungsarten und Motive aus: kleine oder/und große Bäume, Zweier- oder lieber Dreiergruppen, Büsche und Blüten dazu oder eher einen Strauch mit Vögeln oder Schmetterlingen darüber, Andeutung von Gras oder eher eine glatte Ebene? Hierbei

Zu Dekorationszwecken lassen sich auch gefällige Fenster- und Wandbilder aus Jute gestalten

weist die Kursleiterin auch auf das Erlernen des Makrameestiches hin, der für diese Arbeit „sehr wichtig ist" und zu den Knüpfstichen gehört.

Ist die Arbeit bis hierher gediehen, wird der Stoff zusammengenäht, und die Nahtränder werden ebenfalls für das Auge gefällig bestickt. Anschließend wird der gestaltete Schirm auf das Lampengerüst gezogen und oben gekräuselt. Was dabei herauskommen kann und entsteht, zeigen die Bilder — ein Gebrauchs- und Schmuckgegenstand zugleich.

● In einem weiteren Kursus werden *Figuren* aus Jutestoff gebastelt und bestickt. In der Regel sind die Stoffe fertig zugeschnitten, müssen aber noch, wie schon eingangs erwähnt, versäubert werden. Auch hierbei wird immer wieder gestickt und gehäkelt und, auch das ist erfreulich, es kommt auch hier zu munteren Gesprächen, die wiederum Anregungen geben, ein Gemeinschaftserlebnis besonderer Art, wie wir es in allen Kursen der KKVHS erlebten.

Eine einfache Figuren-Ausführung ist bereits an zwei Nachmittagen möglich, aber auch bei dieser Bastelarbeit kann und soll zu Hause weitergearbeitet werden. Eine Krippe mit den Figuren Maria, Josef und dem Jesuskind ist in vier Abenden zu schaffen. Auch die Haare der Figuren, um dies nicht auszulassen, werden aus Jutegarn gefertigt. Spätestens jetzt ist freie Gestaltung gefragt: Mantel oder Umhang lieber kontrastreich in Naturfarben und Dunkelbraun abgesetzt, wie bekomme ich einen blühenden Strauch optisch gut auf den Stoff, welche Stiche sind für diese spezielle Figur geeignet?

Auch diese bestickten Jute-Figuren sind sehr dekorativ

Literaturhinweise:

„Puppen aus Rupfen“, von Hildegard Heinrich, Frech-Verlag, Stuttgart
„Rupfenpuppen“, KNORR-Hobbyredaktion

47

Eine schwarzfigurige griechische Amphore, etwa 540 v. Chr.
(Entnommen dem am Schluß des Kapitels VI angegebenen Buch)

VI. Töpfern – ältestes Handwerk der Welt

„Wenn etwas schief oder krumm geworden ist, ist das überhaupt kein Unglück; Gerades kann man kaufen." So lapidar und treffend beschrieb ein Kursleiter sein Anliegen, Laien stets zum Weitermachen zu ermuntern, „weil jede Keramikarbeit ein einmaliges Werk ist, denn die lebendige Hand schafft immer etwas Besonderes". Und es stimmt ja auch, hier wie in anderen kreativen Bereichen, - durch sein Töpfern schafft der Mensch eine Keramikarbeit, die immer einmalig und im Gegensatz zur Massenproduktion unwiederholbar ist. Er schafft eine eigene Schöpfung.

Der Ton ist einer der ältesten natürlichen Rohstoffe. Er ist durch natürliches Abtragen und Verwittern von Eruptivgestein entstanden. Schon die Menschen in prähistorischen Zeiten erkannten seine besondere Nützlichkeit und die vielfachen Möglichkeiten des Formens und des Modellierens dieses Rohstoffes. Kein Wunder also, daß die Menschen seit jeher den Ton zu mannigfaltigen Verwendungszwecken nutzten, zu Gebrauchszwekken ebenso wie für Schmuck im weitesten Sinne. Die ältesten erhaltenen Tongefäße stammen aus Anatolien und sind in der Zeit um 6000 vor Christus entstanden.

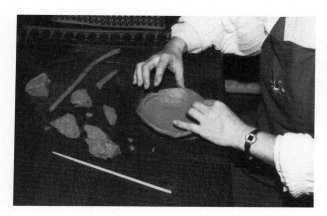

Eine Schale wird mit der Wulsttechnik getöpfert

Keramikarbeiten kurz nach und vor dem Glasurbrand

Die Töpferei, Keramikarbeiten sagen wir heute, ist das älteste Handwerk der Welt. Keramische Erzeugnisse mit kunstvollen Ausgestaltungen und Verzierungen sind seit dem Beginn bäuerlicher Kultur in der Jungsteinzeit bekannt. In China kennt man Töpferarbeiten bereits im dritten Jahrtausend vor Christus. Auch die Germanen haben diese Arbeit bereits gekannt, neben Gebrauchskeramik auch als sogenannte Band- und Schnurkeramik zu Schmuckzwecken. Und wer wüßte wohl nicht um den hohen Stand der Keramikarbeiten als einer echten Kunst bei den Inkas.

Die Verwendung der Töpferscheibe können wir im Orient bis in das 4. Jahrtausend vor Christus zurückverfolgen. Die Ägypter kannten bereits im 3. Jahrtausend vor Christus Glasuren. In der assyrischen und persischen Kunst finden wir ebenfalls sehr früh äußerst fein und farbig gestaltete und dekorierte Keramikarbeiten für die unterschiedlichsten Zwecke, von Wasserkrügen und Schalen über Flaschen und Urnen bis hin zu Reliefziegeln und Halbfayencen. Man denke in diesem Zusammenhang beispielsweise auch an die griechischen Amphoren, die schon mehrere hundert Jahre vor Christus entstanden.

1. Die Verarbeitung von Töpferton - Verschiedene Techniken

In der Regel steht in den Kursen knetfertiger Ton zur Verfügung, der nicht mehr geschlagen und geknetet zu werden braucht. Erfahrungsgemäß will auch der Anfänger möglichst rasch zu echter Gestaltungsarbeit gelangen. In vielen Fällen kommt er sogar mit konkreten Vorstellungen über Art und

Ausgestaltung „seiner" Keramikarbeiten in den Kurs. Selbstverständlich werden von Anfang an mit der Erlernung der verschiedenen Techniken auch Anregungen an Hand von Mustern und Modellen gegeben, beispielsweise für die verschiedenen Gefäßformen.

Am leichtesten ist es zunächst, aus einer Platte heraus zu arbeiten. Aus dem Tonkloß wird dazu eine Scheibe herausgeschnitten und mit einem Nudelholz zu einer Platte gewalzt. Die so in Kreisform hergerichtete Platte kommt dann auf die Ränderscheibe und erhält hier bereits ihre erste Form, zum Beispiel als eine einfache Schale. Schon in diesem Stadium ist das richtige Stauchen des Tons sehr wichtig, weil dies eine unbedingte Voraussetzung für die Haltbarkeit der Keramikarbeit ist. Das Stauchen wird daher intensiv erlernt, wie etwa an den Rändern besagter Platte, die angehoben werden.

Man kann natürlich auch aus einer Tonkugel oder aus einem Tonzylinder heraus arbeiten. So erlebt mancher die Freude am direkten Umgang mit dem Ton dann am unmittelbarsten, wenn er zunächst ohne jedes Hilfsmittel aus einem Tonklumpen heraus formen kann und sei es nur ein kleines Schälchen. Allerdings wird der Töpferfreund schon bald merken, daß es ohne Hilfsmittel doch nicht ganz geht. Beim Tonzylinder wird meist eine größere bzw. schlanke und höhere Keramikarbeit angestrebt (Gefäße, Vasen). Dabei wird der Tonzylinder von außen mit einem Holz oder einer Art Spachtel „geschlagen", damit er auch die nötige Außenglätte erhält.

In diesem Zusammenhang auch ein Wort zur soge-

Nicht ganz einfach: Krippenfiguren

Die Grundtechnik dieses Verfahrens besteht darin, daß Tonröllchen, eben Wülste, übereinandergelegt und die Fugen zwischen den Wülsten sauber und haltbar verstrichen werden. Die Wülste werden auf einer ausreichend großen Tischplattte (Arbeitsfläche) mit beiden Handflächen gerollt, und zwar von der Mitte nach außen. Eine Faustregel besagt, daß für die Anfertigung eines etwa 30 cm hohen Gefäßes der einzelne Wulst ca. 1 cm dick sein soll. Beim Auflegen der Wülste ist immer darauf zu achten, daß die Enden sorgfältig abgeflacht und sauber innen wie außen verstrichen werden. So „wächst" die Keramik, wobei natürlich die regelmäßige Prüfung der Gleichmäßigkeit und damit gegebenenfalls nötige Korrekturen durch Drücken von innen oder Klopfen von außen unerläßlich sind.

Kommen wir zurück auf den Beginn erster Keramikarbeiten. Hierbei können, wie auch Beispiele von Anfängern zeigen, erste Motive in die Platten

nannten *Wulsttechnik*, dem vielseitigsten Verfahren zum Aufbau von Keramiken. Hierbei können die Stücke nahezu jede Größe haben, von einer kleinen Kugelvase bis hin zu großen Wasser- oder Weinkrügen. Auch bezüglich der Formen ist fast jede Gestaltung oder auch Kombination möglich: rund oder oval, symmetrisch oder rechteckig. Es gibt ungemein viele Varianten, die natürlich erlernt und geübt werden.

Sehr phantasievoll gestaltet: Hühner-Gruppe

oder Schälchen hineingearbeitet werden. So können zum Beispiel Ränder ein eingeritztes Muster erhalten oder mit einem Reliefdekor verziert werden. Auch viele Pflanzen und Blätter (Laub, Kornähren) führen zu gefälligen Mustern, wenn man sie vorsichtig in den Ton hineindrückt (Stichwort: Negativformen). So hat schon der Anfänger nach relativ kurzer „Lehr"zeit erste Erfolgserlebnisse: Er kann bereits kleineren Schmuck oder kleinere Gebrauchsgegenstände herstellen - Untersetzer, Reliefs als Wandschmuck etwa oder verzierte Türschilder mit Namenszug.

Nachdem die Keramikarbeit mindestens 8 bis 14 Tage getrocknet ist, wird sie als „grüne Ware" im *Schrühbrand* bei einer Temperatur von 950 Grad gebrannt. Je nach Tonart dauert das Brennen, nach entsprechendem Vorbrennen des Brennofens, 8 bis 9 Stunden. Das anschließende Abkühlen dauert erheblich länger, mindestens 24 Stunden.

2. Feinheiten - Glasieren und Bemalen

Mit der Größe einer Keramikarbeit nimmt der Schwierigkeitsgrad natürlich zu. Dasselbe gilt für Feinarbeiten wie Polieren, Garnieren und Dekorieren. Ohne Anleitung bekommt man keine rechte Form in die Keramik hinein, vor allem auch nicht bei Anfertigung größerer Arbeiten, wie beispielsweise Lampen, Bodenvasen oder Vogeltränken. Dem *Stauchgriff* kommt jetzt eine eminent wichtige Bedeutung zu, da nur dadurch der Ton seinen „lebenswichtigen" Halt bekommt. Unerläßlich ist dabei das richtige Gefühl für die *Konsistenz* des Tons, also für seine Feuchtigkeit im richtigen Zusammenhang mit seiner Dichtigkeit. Der

Zeitpunkt ist gekommen, mit weniger Feuchtigkeit zu arbeiten.

Besondere handwerkliche Geschicklichkeit und gestalterische Notwendigkeiten sind bei steigender Feinarbeit gefordert und ohne „Training" kaum zu erwerben bzw. anzuwenden. Da geht es darum, einen Henkel richtig und fest an einem Krug anzusetzen, dort ist bei einer Kanne eine Tülle mit drei Fingern sauber herauszuziehen. Langsam werden jetzt auch die Feinheiten von Figurationen gelernt und erarbeitet, Tierdarstellungen etwa oder Mas-

Wunderschön gelungene Vase in dunkler Glasur

ken oder Krippenfiguren. Dabei muß das Einbringen von Strukturen - Haare, Augen, Nasen, Ohren - intensiv eingeübt werden. Selbstverständlich müssen die Proportionen nicht immer unbedingt stimmen. „Es darf ruhig mal ein Krokofant dabei herauskommen", meinte ein Kursleiter. Die Hauptsache auch bei dieser Tätigkeit bleibt immer, daß kreativ ein eigenständiges Werk geschaffen wird.

In den Keramikkursen wird in der Regel jede Arbeit auch glasiert. Rund 30 Glasuren stehen zur Auswahl, die meisten mit warmen Brauntönen. An Hand von Glasurproben kann sich der Kursteilnehmer für eine oder mehrere Glasurarten entscheiden. Gern verwandt werden auch helle Töne wie chamois- oder cremefarben. Die Glasuren werden mit einem Pinsel aufgetragen.

Der *Glasurbrand* stellt besonders hohe Anforderungen. Kein Stück darf im Ofen ein anderes Stück berühren. Relativ schnell wird der Brennofen in 3 bis 4 Stunden bis 300 Grad und anschließend auf 1050 Grad hochgebrannt. Diese Hitze muß für 45 Minuten konstant gehalten werden. Das Abkühlen dauert beim Glasurbrand sehr lange. Erst bei Abkühlung auf Zimmertemperatur können die Keramiken aus dem Ofen herausgenommen werden, sonst sind unerfreuliche Sprünge unvermeidlich. Kein Wunder also, daß in der Woche nur zwei Brände zu schaffen sind. Ein Nachtrag: Selbstverständlich glasiert jeder Kursteilnehmer von Anfang an seine Arbeit selber.

Zur ausgesprochenen Feinarbeit gehören natürlich auch das *Färben und Bemalen* (Dekorieren) der Keramiken. Dieses kunstvolle Ausschmücken

dürfte so alt wie die Töpferei selbst sein. Nach Aneignung der Grundtechniken und nach Gestaltung erster eigenständiger Keramikarbeiten kann nunmehr das Auftragen und Polieren farbiger *Engoben* erlernt werden, wodurch eine Keramikarbeit ihre kunstvolle „Abrundung" findet.

Engobemalerei, auch Schlickermalerei genannt, ist ein Dekorationsverfahren, bei dem mit einem Malbällchen oder Malhorn oder auch mit einem Pinsel

„Innigkeit", eine sehr ausdrucksvolle Keramik: zwei Gesichtshälften ineinander gearbeitet

Schlicker auf den Ton getragen wird. Als Schlicker bezeichnet man einen dünnflüssigen, mit viel Wasser zubereiteten Tonbrei, der sowohl zum Garnieren als auch zum Dekorieren dient. Und farbiger Schlicker ist eben Engobe. In England wurden die Zubereitung wie das Auftragen von Schlicker, der mit bestimmten Oxiden gefärbt war, im 17. und 18. Jahrhundert zu einer wahren Kunst entwickelt.

Engobe ist also, vereinfacht ausgedrückt, farbige Tonmasse, die auf sogenannten lederharten Ton aufgetragen wird. Unter „lederhart" ist ein Zustand zu verstehen, der nicht mehr feucht, aber auch noch nicht ganz hart ist. Lederharte Töpferwaren lassen sich zwar nicht mehr formen, aber noch mit dem Fingernagel eindrücken. Nur am Rande erwähnt: der Schlicker kann auch auf die Tonwaren gegossen werden. Die einfachste Art des Auftragens von Engobe ist das Tauchen. Die „Lederhärte" hat der Ton, wenn er etwa 4 bis 6 Stunden alt ist.

Am Bemalen mit Engobe haben die Kursteilnehmer viel Freude. Sie ist eine sehr dankbare Technik, die auch der Phantasie praktisch jeden Spielraum gibt. Es gibt dabei zwei Grundverfahren: naß auf naß oder naß auf trocken. Nach dem Auftragen von Engobe wird poliert. In den besuchten Kursen wurde dazu eine Kerzenbirne verwandt. Auch dies abschließend am Rande: die Inkas polierten mit glatten Steinen.

Die entsprechenden Kurse in der KKVHS werden auch Kurse für „Aufbaukeramik" genannt. Hierunter ist, vereinfacht erklärt, die Anfertigung von Tonwaren ohne Einsatz der Töpferscheibe zu verstehen.

Ebenfalls sehr ansprechend: ein größeres Windlicht

Literaturhinweis:

„Töpfern - Kunsthandwerk und Hobby" von Emmanuel Cooper, Otto Maier Verlag, Ravensburg.

VIII. Durch Zeichnen und Malen schöpferisch gestalten

Einige grundsätzliche Anmerkungen und Aussagen sind zu diesem Kapitel, das sich mit drei Kursangeboten der KKVHS befaßt, nötig. Gerade hierzu vorab noch einmal der bereits im Vorwort zu dieser Schrift gegebene Hinweis, daß wir uns mit dem Inhalt des Themas nur insoweit befassen, wie es in den entsprechenden Kursen angeboten und abgehandelt wird.

Nimmt man den Brockhaus zur Hand, werden Zeichnen und Malen etwa so beschrieben:

● *Zeichnen* als Kunst ist im Grunde eine Formgebung in der Fläche. Als Kunstgattung mit Eigenwert gilt es unmittelbar, da mit der Hand gezeichnet, als Handzeichnung, die sowohl eine Vorarbeit (Skizze, Studie) für die Ausführung eines Kunstwerks als auch ein um seiner selbst willen geschaffenes Werk sein kann. Die Zeichnung ist die älteste Kunst überhaupt, obwohl wir den Begriff „Kunst" frühestens seit dem 16. Jahrhundert im Deutschen als Bezeichnung für die schöpferisch gestaltende Tätigkeit kennen. Jedenfalls gilt „Kunst" spätestens seit dem 18. Jahrhundert als Bezeichnung für die Gesamtheit der Einzelkünste.

Erste zeichnerische Darstellungen kennen wir aus Fels- und Höhlenzeichnungen (oft geritzt). Sie hatten zumeist magische oder/und kultische Bedeutung und dürfen seit der Altsteinzeit als Vorstufe der Malerei bezeichnet werden. Nur zwei Beispiele seien hierzu zusätzlich genannt: die griechischen Vasenmalereien, die zugleich Pinsel- und Ritzzeichnungen sind, sowie Buchillustrationen in der Spätantike (Stichwort: Federzeichnungen).

Große Zeichner (und Maler) seit etwa Ende des 18. Jahrhunderts bis in unsere Zeit sind u.a. de Goya, C. D. Friedrich, Delacroix, von Menzel, Leibl, Käthe Kollwitz, Liebermann und Corinth; für unser Jahrhundert sollen stellvertretend genannt werden: van Gogh, Cézanne, Kirchner, Beckmann, Chagall, Kandinsky, Picasso, Klee, Daumier und Macke. Die jungen radikalen Realisten setzen fast ausschließlich die Bleistiftzeichnung als Mittel der Wirklichkeitserfassung ein.

Zu dieser kurzen Einführung und zu den großartigen Möglichkeiten des Zeichnens sei abschließend ein Bekenntnis Johann Wolfgang von Goethes wiedergegeben, der zu seiner berühmten italienischen Reise u.a. schreibt: „Nur, was ich mir ganz vorstellen kann und aus der Vorstellung wieder zeichne, nur das habe ich wirklich verstanden".

● Zum *Malen* können wir durchaus in Anlehnung an das zum Zeichnen Gesagte, auf eine kurze Formel gebracht, erklären: Malerei ist ebenfalls eine künstlerische Flächengestaltung, aber mit Farben. Dabei ist zu unterscheiden nach *Maltechniken und Malverfahren,* wie zum Beispiel Wandmalerei, Malen mit Öl oder Wasserfarben, Pastell- und Miniaturmalerei, Glas- und Seidenmalerei; und nach *Darstellungsgattungen,* wie beispielsweise Bildnismalerei, Landschaftsmalerei, Stilleben, Gesellschafts- oder Historienmalerei, aber auch jener modernen Malerei, die sich mit symbolischen oder suggestiven, mit geometrischen oder abstrakten Ausdrucksformen auseinandersetzt.

*Darstellungen der vier Jahreszeiten von Kursteil-
nehmern im Aquarell nach verschiedenen
Motivvorstellungen*

Auch hierzu nur wenige stellvertretende Bezeich-
nungen: Impressionismus, Jugendstil, Expressio-
nismus, Kubismus, Futurismus und Surrealismus,
aber auch ein Hinweis auf den Bauhausstil und die
gegenstandslose Kunst (Minimal Art oder Op Art)
darf nicht fehlen.

In dieser Einleitung sei zum Zeichnen wie zum Ma-

len auch eine prinzipielle Erklärung zur *gegenständlichen und gegenstandslosen Kunst* versucht,
weil beide Formen in den KKVHS-Kursen Anwendung finden. Dabei ist jedoch zu beachten, daß
auch durchaus Überschneidungen bei bestimmten
Ausdrucksformen möglich sind.

Unter gegenständlicher Kunst können wir in der
Regel eine künstlerische Gestaltung verstehen, die
an eine Gegenstandsdarstellung in irgendeiner
Form gebunden ist. Das schließt keinesfalls aus (im

Gegenteil!), Stimmungen, Ausstrahlungen oder Gefühle in der bildlichen Darstellung mit einzufangen. Die gegenstandslose Kunst, auch abstrakte oder absolute Kunst genannt (in der Malerei etwa seit Anfang unseres Jahrhunderts aufgekommen), gibt die Bindung an eine Gegenstandsdarstellung auf. Die Entstehung dieser abstrakten Malerei ist wesentlich mit dem Namen Wassily Kandinsky verbunden, der 1910 sein erstes völlig gegenstandsloses Bild, eine Art kräftige Farbphantasie, malte.

Stellvertretend seien in diesem Zusammenhang auch Pablo Picasso und Paul Klee erwähnt, denen beiden, obwohl gegensätzlicher Natur, daran lag, zu entdecken und wiederzugeben, was hinter der gegenständlichen Welt und ihren Erscheinungen lag. Paul Klee hat dieses Suchen einmal so charakterisiert: „Kunst gibt nicht das Sichtbare wieder, sondern macht sichtbar"!

1. Aquarellmalerei

Ohne Übertreibung darf gesagt werden, daß die Aquarellmalerei eine der schönsten Möglichkeiten ist, die eigene Kreativität zu entdecken oder wiederzuentdecken und sie mit viel Phantasie ausgestalten zu können. Wenn man so will: sie ist tatsächlich der phantasievolle Gegenpol zu unserer so phantasielos gewordenen Zeit, in der Streß, Karriereverhalten, ein zunehmender Hang zum Perfektionistischen und rational Machbaren, aber auch die unerhörte Fülle der von den Massenmedien nahezu unaufhörlich einwirkenden Informationen und Unterhaltungen, dem Menschen kaum mehr einen Freiraum für eigene gestalterische Aktivitäten geben.

Es ist deshalb kein Paradoxon, daß die Aquarellmalerei eine sehr alte und immer wieder auch eine

Zwei Aquarelle „Stilleben"

57

zeitgemäße Kunst zugleich ist. Diese Malerei mit Wasserfarben wandten bereits die alten Ägypter an. Die Buchmaler des Mittelalters malten schon im 16. Jahrhundert neben Deckfarben auch mit Aquarellfarben. Bei den deutschen Romantikern war die aquarellierte Zeichnung sehr beliebt. Zu neuen Wirkungen der Aquarellmalerei trugen besonders auch die deutschen Expressionisten bei (Nolde, Macke). Und wer hätte, um nur dieses Beispiel zu nennen, noch kein Aquarell von Oskar Kokoschka gesehen und bewundert.

Gerade auch dem Laien sei das Aquarellieren durchaus möglich, meinte der Kursleiter bei unserem Besuch seines Kurses. Und wie alle anderen Kursleiterinnen und Kursleiter, so auch seine Feststellung: „Der Mensch kann im Grunde viel, er traut sich aber nicht, weil er von vornherein glaubt, ‚so etwas' nicht zu schaffen." Daß gerade auch beim Aquarellieren großer Wert auf die autodidaktische Tätigkeit und Weiterarbeit gelegt wird, sei nur am Rande erwähnt.

Zur Aquarellmalerei bedarf es nur des folgenden „Materials" — Wasser, Farben, Pinsel und Papier. Das ist schon alles. Das Wasser (vom lateinischen „aqua") spielt eine wichtige Rolle, wie es schon im Namen dieser Art Malerei zum Ausdruck kommt. Seine Fließeigenschaften bestimmen in erheblichem Maße die Gestaltung auf dem Papier. Es liegt auf der Hand, daß dick- oder dünnflüssig verwendete oder gemischte Farben unmittelbar auch die Intensität der Farben selbst und damit den Gesamteindruck des Bildes prägen.

Nach ersten Einführungen und Übungen (Gebrauch verschiedener Pinsel, Farbmischungen, Auswahl geeigneten Aquarellpapiers, stets holzfrei und oberflächenbehandelt) geht es in der Regel zu erster Motivsuche „nach draußen". Wenn dies nicht möglich ist, weil beispielsweise das Wetter am Kursabend oder im Winter nicht mitmacht, helfen Vorlagen mit verschiedenen Landschaftsmotiven. Dabei wird schon darüber entschieden, welche Schwerpunkte der Gestaltung gesetzt werden sollen: ob beispielsweise eher das Land selbst oder bestimmte Gegenstände in der Landschaft oder gar Wolken oder der Horizont hervortreten sollen. Erfahrungsgemäß wird mit dem Aquarellieren einer einfachen Landschaft begonnen.

Sehr gern wird hier und da von Kursteilnehmern auch ein Stilleben mit einfachen Formen gewählt, um das Aquarell kennenzulernen. Nach und nach stellen sich ohnehin Vorlieben für bestimmte Sujets ein, etwa für Blumen und Blüten, für Gebäude, Kirchen zum Beispiel, für nunmehr verfeinerte Landschaftsdarstellungen und auch Porträts, die allerdings solide Erfahrungen voraussetzen. Als wir einen Kursabend besuchten, ging es nach entsprechenden Dia-Vorführungen bereits um eine individuelle Aquarellmalerei mit Darstellung der vier Jahreszeiten.

Nach den ersten Malversuchen wird in der Regel auf geometrische Formen wieder zurückgegangen (Würfel, Kubus, Quadrat, Zylinder, Kreis), um immer wieder das Gefühl für Proportionen weiterzuentwickeln. Eine Grundvoraussetzung ist auch hier das Zeichnen, das immer wieder mit geübt wird. An Hand solcher Formen kann man gut weitergehen, um anschließend mit Farben zu arbeiten. Die Farbmischungen werden von den Kursteilnehmern selbst geübt und durchgeführt. Eine fachliche

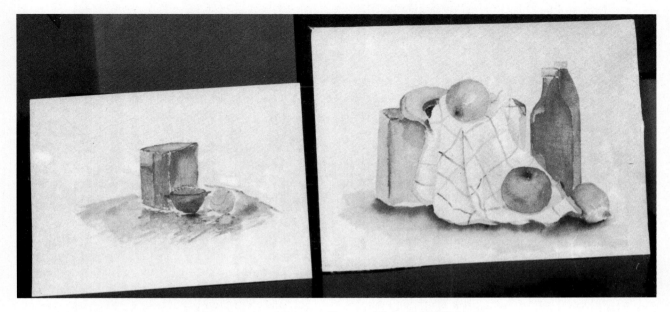

Zwei weitere Aquarelle zum Thema „Stilleben"

Anmerkung in diesem Zusammenhang: Die Aquarellmalerei ist eine lasierende, das heißt eine durchscheinende Technik, bei der die Farben mit viel Wasser so aufgetragen werden, daß transparente, dennoch leuchtende Farbtöne entstehen und der Untergrund stets durchscheint.

Im Ablauf der Kurse über Aquarellmalerei kommt dann auch der Zeitpunkt, zu dem von gegenständlicher Malerei zur gegenstandslosen Bildgestaltung übergegangen wird, jedoch nicht notwendigerweise bei jedem Teilnehmer. Doch immerhin — das Experimentieren mit Farben und Farbschattierungen (dunklere Farben können Trauer ausdrücken, hellere Farbe Freude) führt fast immer auch zu Versuchen, Stimmungen, Sehnsüchte und Hoffnungen auszudrücken. Wir kennen diese Ausdrucksart zum Beispiel auch bei bestimmten Therapien von verhaltensgestörten und gefährdeten Menschen und von psychisch Kranken.

Am Ende stehen in der Regel Detailstudien. Da soll etwa ein blühender Baum exakt und mit all seinen gefühlsauslösenden Eindrücken aquarelliert werden, dort geht es um die richtigen Proportionen und den echten Ausdruck etwa eines Porträts. Auch räumliche Perspektiven (größere oder kleinere Flächen, Harmonie zwischen Himmel und Erde, richtiges Gestalten der Wolken zur Landschaft, ein echtes Setzen der Tiefen usw.) werden jetzt systematisch im Aquarell verfeinert. Dasselbe gilt für zeichnerische Zugaben, zum Beispiel ein bunter Strauch im Vordergrund zur Betonung der Räumlichkeit, wie dies auch in der Landschaftsphotographie gern genutzt wird. Und — am Ende steht die eigene Signatur des Aquarells; Zeichen dafür, daß das eigenständig geschaffene Bild fertig ist.

Ein kurzes Wort noch zur sogenannten „Naß-in-Naß-Technik".

Ziel dieser besonderen Technik ist ein besonders „weiches" Aquarell, das durch wolkige Formen und fließende Farbübergänge geprägt ist. Zu diesem Zweck wird das Papier vor dem Aquarellieren mit Wasser befeuchtet. Das Papier soll durch gleichmäßiges Befeuchten aufquellen. Ist das Wasser eingezogen, hat das Papier einen seidigen Glanz angenommen. Zum anschließenden Bemalen gehört ein Wasserpinsel. Trägt man jetzt die Farbe auf, entsteht ein durchscheinender Ton, der je nach Feuchtigkeit mehr oder weniger stark ausläuft. Damit kommt es zu den sogenannten Wolkengebilden — und der Phantasie sind kaum Grenzen gesetzt. Erst wenn das Papier trockener geworden ist, tritt der Zeichenpinsel in Aktion.

Es lohnt sich also schon, auch bei diesem kreativen Angebot mutig zuzufassen. Mit zunehmenden Erfahrungen und Fertigkeiten entstehen nämlich Aquarelle in einer Zeit, die zuvor nicht für möglich gehalten wurde. Zudem liegen Motive und Anregungen buchstäblich „vor der Tür". Wenn man eine komplette Maltasche schon nicht mit in den Urlaub nehmen möchte — ein Skizzenbuch sollte allemal dabei sein.

Literaturhinweise:
„**Aquarellmalerei**", Materialien, Techniken, Motive, von Thomas Hinz, Falken-Verlag, Niedernhausen/Taunus

2. Schraffurzeichnen aus Hell-Dunkel-Kontrasten

Licht und Finsternis — zwei Erscheinungsbilder im Leben von Mensch und Welt, gewissermaßen die Polaritäten des Lebens. Man kann auch sagen: Licht und Schatten begleiten den Menschen immer wieder auf seinem Lebensweg, in seinem Tun, in seinen Hoffnungen und in seinen Zielsetzungen. Licht und Schatten werfen aber auch die Dinge und Ereignisse um uns und in der Welt. Immer nur Gegensätze, nur ein Entweder — Oder?

Diese anscheinend gegensätzlichen Phänomene lassen sich künstlerisch im Schraffurzeichnen darstellen, ausdrücken, aber auch auflösen. Dieses Schraffurzeichnen, wie es seit einiger Zeit in Kursen der KKVHS gelehrt und geübt, besser erübt wird, soll den Blick lenken auf das unmittelbare Erleben von Hell-Dunkel-Kontrasten, von Licht- und Schattenwirkungen. Wie beeindruckend dies geschehen kann, zeigt die kleine Auswahl von Schraffurzeichnungen, die in dieser Schrift zu diesem Thema veröffentlicht sind.

Beim Abbilden eines Kopfes

zer Kreide, die als Material fester ist, gearbeitet wird. Worum es im Grunde beim Schraffurzeichnen immer geht, mag nur ein Hinweis an dieser Stelle verdeutlichen: ein räumlicher Eindruck wird nach außen mehr oder weniger stark verdunkelt, nach innen mehr oder weniger stark aufgehellt, man könnte etwas laienhaft auch sagen, daß das Dunkel, oft bedrohlich wirkend (z.B. bei Wolken), durch entsprechende Kontraste sozusagen wieder „aufgeweicht" wird.

So stehen am Anfang des Schraffurzeichnens natürlich erst einmal einfache Übungen. Der Kursteilnehmer soll sich mit Kohlestiften und schwarzer Kreide durch einfache flächenhafte Gestaltungen zunächst an räumliches Empfinden, noch ganz und gar gegenstandslos, herantasten. Damit tastet er sich automatisch heran an Licht und Finsternis und zugleich an Spannungen und Auflösungen, die sich aus solcher Gegensätzlichkeit ergeben. „Das

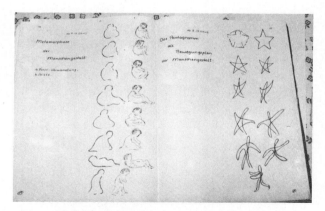

Wie Schüler Zeichnen lernen (Gestalt und Bewegungsabläufe), entnommen dem am Schluß angegebenen Buch

Neben geeignetem Papier wird zunächst unter eingehender Anleitung mit schwarzer Kohle und mit Kreide als „Werkzeug", das zur Verfügung steht, gearbeitet. Zuerst einmal geht es darum, ein Gefühl für das Verhalten vom Hell zum Dunkel und umgekehrt zu entwickeln, bevor sodann mit schwar-

Bild kommt dem Zeichnenden entgegen", formulierte es der Kursleiter bezeichnend. Es muß also keine „fertige" Motivvorstellung eingebracht werden, zumindest am Anfang nicht, weil das gezeichnete Bild eine eigene Gesetzmäßigkeit und Dynamik mitbringt.

Aus diesen ersten gezeichneten Stimmungen geht es dann zu landschaftlichen Themen über. Dabei wird mit der sogenannten *Schrägschraffur* begonnen, weil sie irgendwie im Menschen liegt. Anschließend führen Schraffuren in der *Waagerechten* zu ganz bestimmten Darstellungen, Horizonten und Meeren etwa. Und, wie schon ausgeführt, prägt das Bild selbst mit, Stimmungen und Einordnungen im Raum wachsen vom Bild selbst her in vorher nicht geahnter Weise, die der Zeichnende aufnimmt und weitergestaltet.

Schließlich kommt es zu Schraffuren in der *Senkrechten*, bei denen vor allem architektonische Phantasien ausgelebt werden können, beispielsweise, wenn es um Fassaden oder Rundbögen geht. Auch hierbei gilt es, den atmosphärischen Eindruck einzufangen. Nur der Vollständigkeit halber: auch die *Kreuzschraffur* als Verbindung der verschiedenen Schraffurarten wird selbstverständlich gelernt und eingeübt. Weitere Linienführungen in der Schraffur können Diagonale oder Gebogene sein.

So ergeben sich bereits für den Anfänger allmählich bestimmte Themen, wie das Darstellen von Ausstrahlungen, Gefühlen und Stimmungen, die sich aus der Polarität von Licht und Dunkelheit herauskristallisieren, etwa bei der Zeichnung von Sonne, Mond, Sternen und Himmel, oder bei den Wir-

Sehr beeindruckende Schraffurzeichnungen, die sowohl Gegenstände und Personen als auch Stimmungen wiedergeben, teils gegenständlich, teils gegenstandslos (erkennen Sie die Person unten links ...? Betrachten Sie mal einen 50-DM-Schein)

kungen von Wolken, Seen, Bergen oder Bäumen auf den Betrachter, oder auch „nur" bei Stimmungen, die sich aus der Zeichnung von Gebäuden oder Gebäudeteilen ergeben.

Zug um Zug wird auch mit Rötel gearbeitet, Weich- oder Rötelstifte bekommen jetzt für die Zeichnung und ihre Ausgestaltung mehr und mehr Bedeutung. „Bloß nicht sklavisch kopieren", hält der Kursleiter seine Schüler immer wieder an. In der Tat. Das durch Schraffurzeichnung gestaltete Bild wirkt als Ganzes, in seinem Gesamtausdruck, aus dem sich individuelle Auffassungen und Gefühlslagen ebenso ersehen lassen wie Ausdrucksstärke des Gezeichneten im Gesamtzusammenhang. Auch hier wird im wahrsten Sinne des Wortes schöpferische Phantasie und persönliche Eigenart umgesetzt.

Als wir den Kursus besuchten, ging es um das *Abbilden* von Köpfen und Porträts. Dabei müssen jetzt sorgfältig Proportionen beachtet werden, um das Abbild möglichst getreu zu treffen. Die Kursteilnehmer hatten sich hierzu selbst Vorbilder ausgesucht, zum Beispiel ein Selbstporträt von Raffael oder die Zeichnung Dürers vom zwölfjährigen Christus. Selbstverständlich gibt es für dieses Abzeichnen eine Fülle von Möglichkeiten. So kann das Schraffurzeichnen mit seinen Hell-Dunkel-Kontrasten auch Gegenstände wie Krüge, Vasen oder Schalen vorzüglich wiedergeben. Am Ende steht jedenfalls auch hier eine eigene kleine oder große Schöpfung. Und, wie der zum Schluß dieses Abschnitts angegebene Buchtitel aussagt, – Zeichnen ist gleich Sehen lernen!

Literaturhinweis:
Aus den Erfahrungen der Waldorf-Schulen ist von Anke-Usche Clausen und Martin Riedel ein methodisches Arbeitsbuch **„Zeichnen = Sehen lernen"** entstanden und im J. Ch. Mellinger Verlag, Stuttgart, erschienen.

3. Seidenmalerei

Diese Art des Malens mit seinen ganz besonderen Ausdrucksmöglichkeiten ist allein schon wegen der beeindruckenden Historie faszinierend. Wer sich dieser kreativen Tätigkeit zuwendet, bezieht in sein künstlerisches Schaffen ein Material ganz besonderer Art ein, dessen Geschichte allein schon spannend genug ist – nämlich die Seide. Wir kommen deshalb bei der malerischen Gestaltung dieses so feinen „Werkstoffs" an einem geschichtlichen Rückblick einfach nicht vorbei, wollen wir die Bedeutung der Seide und des Umgangs mit ihr recht verstehen (was bei der Seidenmalerei eigentlich auch unverzichtbar ist).

Sicher wissen Sie, daß das Rollbild, aufgezogen auf einer Weichholzrolle, eine uralte chinesische Tradition ist. Das älteste Seidenmalbild stammt aus China und wurde schon lange vor unserer Zeitrechnung geschaffen. Aber wußten Sie auch, daß die Seidenspinnerei schon 2000 v. Chr. in China zu höchster Kultur entwickelt wurde, die Seide als Zahlungs- und Tauschmittel diente und daß auf die

Verbringung der Seidenraupe in andere Länder die Todesstrafe stand ...? Was war denn das Besondere an diesem Stoff, um ihn derart rigoros zu schützen?

Nun, diese Besonderheit lag ganz einfach — in der Seidenraupe. Diese fingerdicke und etwa 10 cm lange Raupe, ausgestattet mit Spinnwarzen am Kopf, spinnt sich gewissermaßen in einem Gespinst (Kokon) ein, um darin zur Puppe werden zu können, aus der der Schmetterling entschlüpfen kann. Aber eben dieses Ausschlüpfen wird verhindert. Mit etwa 250 000 (zweihundertfünfzigtausend) Windungen des Kopfes verpuppt sich die Raupe mit einem Drüsensekret, einem 3000 bis 4000 Meter langen Faden (!). Von diesem Faden — der taubeneigroße Kokon besteht aus drei Fadenschichten — sind etwa 300 bis 1000 Meter für die Seidenspinnerei verwertbar. Der Faden wiegt etwa

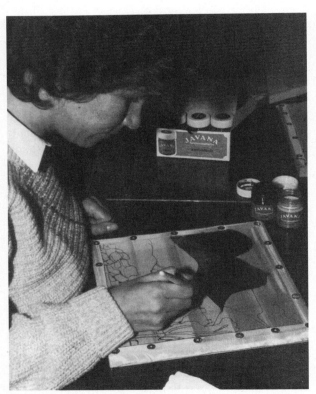 

Kursteilnehmer malen Bilder auf Seide nach eigenen Motiven - rechts ist die Anwendung der Salztechnik deutlich zu erkennen

ein Gramm. Obwohl er nur eine Stärke von 0,013 bis 0,02 mm hat, besitzt er immerhin etwa ein Drittel der Reißfestigkeit besten Eisendrahtes ...

Wie gesagt, das Ausschlüpfen als Schmetterling wird durch Abtötung mit Heißluft zwischen 50 und 70 Grad verhindert. Anschließend werden die Seidenfäden (Kokon) in einem Warmwasserbad bei 25 Grad aufgelöst. Im alten China war es auch Sache der Frau, die Seidenraupe mit Maulbeerblättern zu füttern. Der am meisten verbreitete Seidenspinner ist noch heute der weißliche ostasiatische „Maulbeer-Seidenspinner". Die Seidenraupenzucht kam im 7. Jahrhundert nach Korea und Japan, im 15. Jahrhundert nach Südeuropa und nach Frankreich.

Wenn man nun weiß, daß schon im alten China Malerei und Schrift eine Einheit bildeten, daß dabei höchste Konzentration erforderlich war, weil Korrekturen auf Seide im nachhinein einfach nicht mehr möglich sind, daß aber gerade die Seidenmalerei ganz spezifische Ausdrucks- und Gestaltungsmöglichkeiten schafft, wie etwa die berühmte Landschaftsmalerei, wird diesen kleinen Ausflug sicher nicht unnütz finden.

3.1 Zu den Techniken

Verständlicherweise können wir im Rahmen einer solchen Schrift nur schlaglichtartig auf verschiedene Techniken der Seidenmalerei eingehen. Zunächst dies: alles Material wird den Kursteilnehmern zur Verfügung gestellt. Da die Seide 90 cm breit liegt, erhalten die Kursteilnehmer entsprechende Rahmen, je nach Vorstellung über die angestrebte Seidenmalerei in entsprechenden Größen, etwa 30 × 30, 45 × 45 oder auch 90 × 90 cm. In unserem Fall hatte der Kursleiter diese Rahmen, auf die die Seide mit Drei-Spitz-Heftzwecken festgespannt wird, aus dem sehr weichen Abachi-Holz selbst zusammengestellt.

Ein weiterer Hinweis ist angebracht. Seide gibt es natürlich in verschiedenen Stärken, die ebenfalls zur Verfügung stehen. Der Anfänger beginnt üblicherweise mit der 25-Gramm-Stärke, mit zunehmenden Fertigkeiten wird auch gern Seide mit einer Stärke von 45 Gramm gewählt.

● Neben dem Malen selbst, auf das verständlicherweise hier nicht im einzelnen eingegangen werden kann, richtiger wohl: beim Bemalen von Seide, kommt der *Salztechnik* eine besondere, mitgestaltende Bedeutung zu. In der Regel beginnen die Kursteilnehmer das Erlernen der Seidenmalerei damit, daß der auf dem Rahmen festgespannte Seidenstoff durch eine Konturenpaste postkartengroße Felder erhält, meist sechs, die es nunmehr zu bemalen, eigentlich: farblich zu gestalten gilt. Man beginnt also zunächst mit kleineren Arbeiten.

So wird beispielsweise eine Farbe, oft Grün oder Braun, auf die Seide aufgetragen. Auf diese Farbe werden sodann Salzkörner aufgestreut. Effekt? Das Salz zieht die Farbpigmente heraus und „versammelt" sie gewissermaßen unter sich. Dieses Spezialsalz - grob, fein oder auch gemischt - saugt also Farbpigmente auf, was zu einzigartig wirkenden (und den Anfänger immer wieder überraschen-

Sehr schöne Seidenmalereien als Wandschmuck mit den verschiedensten Motiven und Gestaltungsformen

Mit dieser Seidenmalerei in Postkartengröße wird in der Regel begonnen

den) Mustern führt, die allein schon für sich außerordentlich dekorativ sind. Natürlich kann das Salz nur wirken, wenn die Farbe noch feucht ist.

Jetzt gilt es, wie es der Kursleiter formulierte, „in diese Farbkompositionen phantasievoll hineinzusehen". Das Ausgestalten der gewonnenen Farbeffekte und Farbenverläufe mit Motiven, Bäumen und Blumen etwa, bietet sich geradezu an. So folgt im Grunde der Seidenmaler oder die Seidenmalerin mit einem Konturenstift den überraschend gebildeten Farbeffekten, um in eigener Kreativität in dieses Farbengebilde nunmehr eigene Bildvorstellungen hineinzubringen, sich dabei aber auch wiederum von den Farbenverläufen inspirieren zu lassen.

● Auch die sogenannte *Auswaschtechnik* wird erlernt und geübt. Trägt man mit dem Pinsel einfache

Farbtupfer auf die Seide auf, drängen die Farben nach außen. Schon dadurch entstehen zum Beispiel Blüten.

Bei der Auswaschtechnik werden Farben beispielsweise in Streifen aufgetragen, wobei die Farben naturgemäß ineinanderfließen. Mit der Hilfe von Wasser können Farben je nach Wunsch verdrängt werden. Jetzt kann man geradezu zeichnen und feinste Konturen auf die Seide malen.

● Auch das *Auftragen von Konturen* mit einer wasserlöslichen Konturenpaste, die dann farblich ausgestaltet werden sollen, ist eine weitere Technik der Seidenmalerei. Hier geht es nicht ohne intensives Üben ab; denn der richtige Druck mit der richtigen Schräge will gut gelernt sein. Es darf ja später keine Farbe „herüberlaufen", will man das ganze Motiv nicht gefährden.

Wichtig bleibt für alle Techniken immer auch die Farbbeschränkung. Oftmals ist es richtiger (und gefälliger!), Flächen farblich in sich zu gestalten, wobei das Verdunkeln oder Aufhellen eines Farbenfeldes von ganz besonderem Reiz ist, wie die chinesische Seidenmalerei immer wieder beweist. Es sollte also Grundregel sein: Innerhalb eines Farbenfeldes sollen eher Mischtöne ein und derselben Farbe zum Ausdruck kommen.

3.2 Seidenmalerei -
Kunstvolles für die verschiedensten Zwecke

Selbstverständlich wächst mit der Zeit der Wunsch nach künstlerisch anspruchsvolleren Malarbeiten auf Seide für die verschiedensten Zwecke, etwa für Wandschmuck oder für Gebrauchsartikel, die sich in ihrer Musterung hervorheben sollen. Erste Halstücher, meist in quadratischen Formen, werden angefertigt und individuell bemalt. Kissenbezüge aus Seide sollen bestimmte Motive darstellen. Ein Kleidungsstück soll eine bestimmte Bilddarstellung bekommen, oder ein Raumteiler soll mit bemalter Seide bespannt werden. Fast alle Motive sind denkbar - Tiere, Vögel, pflanzliche Formen, Landschaften und Landschaftsausschnitte oder auch „nur" farblich schön abgestimmte ungegenständliche Muster, Verzierungen oder Ornamentierungen.

Gezeichnete Vorlagen und Skizzenbücher helfen dem fortgeschrittenen Kursteilnehmer, aber oft genug geht er nach eigenen Ideen und Absichten an eine neue Seidenmalerei. Jetzt ist auch der Moment gekommen, den Fön zum gestalterischen Trocknen einzusetzen, wenn man das etwas laienhaft einmal so ausdrücken darf. Das Mischen von Farben wird ebenfalls weiter erlernt und geübt.

Nicht unerwähnt bleiben darf das richtige Trocknen und Fixieren der Farben und damit zugleich die Sicherung der Waschechtheit der Seidenmalerei. Auch dies ist von Anfang an Gegenstand des Unterrichtens und praktischen Übens. Natürlich gibt es dazu manchen Tip und nützlichen Rat. Am Ende jedenfalls steht auch hier ein echtes Kunstwerk, wegen seiner besonderen Feinheit von ganz einmaligem Reiz.

Literaturhinweis:
„Malen auf Seide" von Marie-José Digne, Frech-Verlag, Stuttgart

IX. Batik -
nicht nur fernöstliche Kunst

Um diese Kunstart zunächst einmal vorstellbar zu machen, erscheinen einleitend zwei Erklärungen bzw. Hinweise vorteilhaft. Zunächst zum Wort „Batik" selbst. Es stammt aus dem Malaiischen und bedeutet „das mit der Hand Geschriebene, Gemalte, Gezeichnete". Die Nachsilbe „tik" wird als

„Lichtpunkt in der Dunkelheit" übersetzt. Dies alles muß man vor dem Hintergrund fernöstlicher Verständnisbilder und Begriffsfelder zu verstehen suchen, zumal diese Kunsttechnik zweifellos eine geheimnisvolle, dennoch aber faszinierende Ausstrahlung mit ihren typischen und unverwechselbaren Form- und Farbeffekten besitzt.

Zum zweiten könnte man vereinfachend definieren: Batik ist eine *Färbetechnik*. Aber eine Färbetechnik ganz besonderer Art, die auch nicht ohne größeren Aufwand zu bewältigen ist. Sie stammt aus Indonesien (Java) und bezeichnet ein Verfahren zum stufenweisen Einfärben von Motiven auf Stoffe oder auch Papier, wobei die Stellen und Bildfelder, deren Farben ihre endgültige Intensität erreicht haben, durch eine Wachsschicht geschützt werden, bevor weitere Farbbäder folgen. Man bezeichnet Batik daher auch gern als eine besondere *Wachstechnik*. Natürlich wird diese Wachstechnik auch dann angewandt, wenn Felder gänzlich von Farbe frei bleiben sollen.

Mit dem Tjanting wird Wachs
auf die zu schützenden Bildfelder geträufelt

Ein Wandbehang
mit phantasievollen Käfer-Motiven entsteht

1. Färbe- und Wachstechnik

Das Geheimnis der Batikherstellung liegt also im Wechsel von Einfärben und Abdecken endgültiger Farbfelder durch schützendes heißes Wachs. Man spricht in diesem Zusammenhang auch von „Reservierungsprozessen". Nur der Vollständigkeit halber sei erwähnt, daß zum schützenden Abdecken (Reservieren) auch andere chemische Mittel verwandt werden können, wie beispielsweise Schellack, Deckweiß oder Kleister. Auf physikalische Schutzverfahren, etwa durch Bindfäden, Knoten, Klammern oder Schablonen, können wir im Rahmen dieser Schrift nicht näher eingehen.

Über das benötigte Werkzeug - Haar- und Borstenpinsel, dickköpfige Stecknadeln in Bleistiftschäften, Wattestäbchen - wird zu Beginn des Kurses informiert bzw. wird es neben dem Stoff (Baumwolle, Seide) und, falls angeboten, Japanpapier in verschiedenen Stärken für Papierbatik zur Verfügung gestellt. Wichtigstes Batikwerkzeug ist der auf Java entwickelte „Tjanting", ein kleines pfannenartig ausgebildetes Handwerkzeug, das flüssiges Wachs schöpfen und durch ein oder mehrere Röhrchen das Wachs auf den Stoff fließen läßt. Damit wird das unerläßliche gleichmäßige und genaue Auftragen des Wachses gewährleistet.

Bleiben wir zunächst bei der Stoff-Batik. Der zu gestaltende Stoff wird auf einen Rahmen gespannt. In der Regel - auch wenn der Stoff transparent genug ist - wird der auszugestaltende Entwurf unter den Stoff gelegt. Sonst muß die Vorlage mit einem auswaschbaren Stift auf den Stoff gezeichnet werden.

Im übertragenen Sinne gilt dies auch bei Papier-Batiken. Anfänger werden hier das gewünschte Motiv am besten mit einer feinen Redisfeder und Tusche auf eine Vorlage zeichnen. Dann wird das durchscheinende Japanpapier daraufgelegt und mit Büroklammern an den Seiten befestigt.

Jetzt spätestens muß die Farbgebung genau geplant werden. Denn - bei der Batikarbeit muß mit den hellsten Farben, die im Bild oder im Gestaltungsausdruck wiedergegeben werden sollen, begonnen werden! Da mit jedem Einfärbevorgang vorhandene Farben abdunkeln würden, müssen diese hellen Farben also, wenn sie endgültig bleiben sollen, vor dem nächsten Farbbad mit einer Wachsschicht geschützt werden. Das bedeutet auch, um es nochmals zu betonen, daß schon der ungefärbte Stoff dann durch eine schützende Wachsschicht abgedeckt werden muß (oder, wie gewünscht, in Teilen), wenn die reine Originalfarbe des Stoffes erhalten werden soll.

Normalerweise wird ja der Stoff vollständig in das neue Farbbad immer wieder eingetaucht. Nicht gewachste Stellen würden demnach unerwünschte Mischfärbungen erhalten, die zunehmend dunkler würden. Je nach gewünschter Farbenintensität bleibt der Stoff unterschiedlich lange im Farbbad.

Mit einem Probelappen kann man die Färbungsstärke vorab prüfen. Anschließend muß der Stoff sofort ausgespült werden. Nach dem Trocknen erhalten dann wiederum die Bildfelder eine neue Wachsschicht, die beim nächsten Farbbad in ihrer farblichen Ausgestaltung geschützt werden sollen. Diese Wechsel wiederholen sich solange, bis die Batik vollendet ist.

Bei der Papier-Batik gilt im Prinzip dasselbe. Nur wird hier die Farbe mit dem Pinsel aufgetragen, da üblicherweise nicht in Farbbäder eingetaucht wird. Auch bei der Batik auf Papier werden die für eine neue Färbung auszusparenden Felder mit heißem Wachs geschützt. Auch hierbei dürfen nur lichtechte Batikfarben verwendet werden und keinesfalls etwa Aquarellfarben, da diese das Papier nur ungenügend durchdringen und auch keine gute Leuchtkraft haben.

Zum Schluß des Färbens wird das Wachs aus dem Stoff intensiv herausgebügelt, und zwar über Zeitungspapier. Ähnlich gilt dies auch für Papier-Batiken. Es kann leicht oder stark ausgebügelt werden. Gerade bei der Papier-Batik erhöhen Wachsreste Transparenz und Leuchtkraft des Bildes in höchst ein- und ausdrucksvoller Weise.

2. Batik-Besonderheiten

Zur Unterscheidung von Stoff-Batiken (auf denen im folgenden ausschließlich der Schwerpunkt liegen wird) und Papier-Batiken und damit zu besonderen technischen Verfahren darf vielleicht so gesagt werden: Stoffbatikarbeiten haben mehr kunstgewerblichen Charakter, während Papier-Batiken als Batikbilder eher der Malerei zuzuordnen sind.

Beiden ist aber gemeinsam, daß der Wahl von Motiven, von Blumen bis zu Landschaften, von Früchten bis zu Ornamentierungen, von figürlichen bis zu ungegenständlichen, symbolhaften Darstellungen, kaum Grenzen gesetzt sind. Und gerade diese Tatsache in Verbindung mit einem gewissen Flair des Geheimnisvollen, gleichzeitig aber

auch wieder mit einem Hauch fernöstlichen Charmes, macht Batikarbeiten trotz allen Zeitaufwandes immer wieder so ungemein reizvoll. Die Phantasie bleibt vom Anfang bis zum Ende gefordert. Und spannend ist es obendrein.

Ein ganz besonderer Effekt wird zum Beispiel erzielt, wenn man die aufgetragenen Wachsschichten vorsichtig bricht, etwa zu mitgestaltenden Linienführungen, und somit nachfolgende Farben eindringen können. Solche Wachsbrüche ergeben ganz überraschende Gestaltungseffekte. Dadurch wird der Gesamtausdruck eines Bildes oder Motivs - ob für Wandbilder und -behänge, Kleidungsstücke oder Kissenbezüge, Lampenschirme usw. - entscheidend und überaus gefällig mitgeprägt. Natürlich wird sich nicht gerade der Anfänger sofort mit solcher Strukturenbildung befassen.

Batik-Wandbild: Birken-Landschaft

71

Der Fortgeschrittene wird sich gern mit weiteren Besonderheiten auseinandersetzen, beispielsweise mit Verfeinerungen in *Tropf- und Spritzbatik*. So können entsprechend dem Gestaltungswunsch Tropfen von einer brennenden Kerze auf den Stoff geträufelt werden, oder mit einem vollgesogenen Pinsel wird das Wachs über die Batik oder Batikteile geschüttelt, eine Technik, die gern bei Schals und Tüchern angewandt wird.

Auch die *Abbindetechnik* führt zu ungewöhnlichen Ausdrucksformen. Sie ist sehr alt und wurde als „Plangi" schon in China etwa 700 bis 900 n. Chr. praktiziert und in Java später mit der Wachsbatik kombiniert. Der künstlerische Wert dieser besonderen Technik ist in den USA und Europa längst entdeckt. Bei der Abbindetechnik werden, vereinfacht erklärt, bestimmte Teile des Stoffes zu einem Zipfel zusammengebunden. Damit wird das Eindringen der Farben an diesen Stellen unterbunden, und zwar umso sicherer, je fester das Abbinden erfolgt ist.

Ein wenig auf den Geschmack gekommen? Selbstverständlich müßte man auch bei diesem Thema noch auf manche künstlerische und kunsthandwerkliche Techniken und Möglichkeiten eingehen. Es gibt bei der Batik eine Menge künstlerischer Gestaltungsformen. Aber der Rahmen dieser Schrift setzt Grenzen. Auf jeden Fall ist eine vollendete Batik immer ein ungewöhnliches Kunstwerk.

Literaturhinweise:
„**Der Batikkurs**" von Marianne Heller-Seitz, Otto Maier Verlag, Ravensburg
„**Papier-Batik**" von Eugen Pfeffer, Frech-Verlag, Stuttgart

Auf ein Wort, lieber Leser!

Wir würden uns sehr freuen, wenn Sie an dieser Schrift und an unserer Volkshochschularbeit Gefallen fänden. Bitte, empfehlen Sie uns gern weiter. Jeder — jung und alt, Frauen und Männer — ist herzlich eingeladen, seine (oftmals nur schlummernden) kreativen Fähigkeiten neu zu entdecken, zu pflegen und weiterzuentwickeln.

Ältere Mitbürger werden sich sicher noch an die Kaufmannsbitte erinnern, die früher oft auf den Waagen zu lesen war: „Waren Sie mit mir zufrieden, sagen Sie es bitte weiter; waren Sie es nicht, sagen Sie es bitte mir".

Dürfen wir genauso verfahren? Waren Sie mit unserer Volkshochschularbeit zufrieden, empfehlen Sie uns bitte gern weiter. Diese Schrift kann sicher dazu beitragen. Waren Sie unzufrieden oder haben Sie neue Anregungen und Ideen, sagen Sie uns dies sofort. Wir sind und bleiben gegenüber allen Vorschlägen und Verbesserungswünschen immer aufgeschlossen.

X. Glasarbeiten - faszinierende Glaskunst

Bei dieser alten und „neueren" Handwerkskunst geht es darum, Flachglas zu schneiden und durch verschiedene Techniken zu einem ansprechenden Motiv zusammenzusetzen, selbstverständlich immer unter Anleitung. Dies kann geschehen, um eine schmucke Fläche für die verschiedensten Zwecke auszugestalten (Fensterbilder, Spiegel, Türeinsätze) oder auch dreidimensionale Gebrauchs- und Schmuckgegenstände herzustellen (Lampenschirme, Windlichter, Gewächshäuschen). Die Phantasie kann sich mit zunehmenden Fertigkeiten in dieser Beziehung ungeahnt entfalten.

Für diese „Glaskunst", wie diese kreative Tätigkeit auch gern genannt wird, werden zwei Techniken angewandt, die in den Kursen intensiv erlernt und eingeübt werden: *Bleiverglasung* und *Tiffany-Technik*.

Nach dem Entwurf werden die Glasstücke einzeln zugeschnitten

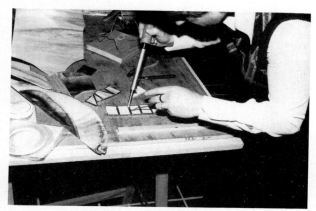

Beim Löten einer Tiffany-Glasarbeit

1. Bleiverglasung

Das Einfassen von Glas in Blei hat die Menschen schon seit Jahrhunderten besonders fasziniert. Seit etwa 3500 vor Christus wurde Glas (ein anorganisches Schmelzprodukt) von den Ägyptern als Werkstoff erkannt und verwendet. Von ihnen wird auch berichtet, daß sie über geheimnisvolle Rezepte verfügten, um Glas zu erzeugen und zu formen. In der Antike wie in frühislamischer Zeit waren gefaßte Glasscheiben, farbig und bemalt, bereits bekannt; ihre Einfassung geschah in Holz- oder Bronzerahmen oder in Stuck.

Im Mittelalter allerdings wurde erstmals das Einfassen von Glas gezielt angegangen. Hier dürfte die Geburtsstunde der Bleiverglasung als Kunsthandwerk liegen. Es wurde nämlich damit begonnen, Glas in Bleistege zu fassen. Damit bekam neben dem Glas auch das Blei künstlerischen Effekt, da es ja gemeinsam mit dem Glas bewußt zu einem kompositorischen Gebilde gestaltet wurde. Die Blei-stege hielten mithin das Glas nicht nur mehr einfach statisch zusammen, sondern wurden mit formgebend. Man denke beispielsweise einmal an die lebendige Gestaltung von Kirchenfenstern mit den verschiedensten Motivdarstellungen.

Wie fängt man nun mit der Bleiverglasung an, und welche Voraussetzungen müssen zunächst von dem Anfänger erfüllt werden?

● Ganz wichtig ist zuerst einmal das richtige *Werkzeug*. Es ist im Grunde dasselbe wie beim professionellen Bleiverglaser. Da wird also ein

Schon nach kurzer Zeit nach eigenen Motiven geschaffen: Fensterbilder und Türeinsätze in Bleiverglasung

Bleimesser, dolchähnlich ausgebildet, zum Schneiden der Bleiprofile benötigt. Das Ende des Griffs ist Blei, weil das Bleimesser auch zum Einschlagen von Nägeln und zum Richten der Bleischienen wie ein Hammer gebraucht wird (beispielsweise zum Arretieren bereits verlegter und eingebleiter Glasstücke).

Auch ein Glasschneider mit Stahlrädchen ist unerläßlich. Wie beim Bleimesser hat das flache Griffende ebenfalls eine wichtige Funktion: es wird für das Aufweiten von Bleiprofilen benutzt. Daneben gehören eine Kröselzange zum Brechen von Glas und Glasrändern zur unerläßlichen Werkzeugausstattung.

Der ebenfalls benötigte Lötkolben muß mit einer breiten Spitze ausgestattet sein. Schließlich wird noch eine besondere Schablonenschere gebraucht zum paßgerechten Zuschneiden der Entwürfe auf Halbkarton.

Eine wichtige Voraussetzung ist auch eine Arbeitsplatte aus Holz, auf der zwei Leisten rechtwinklig angeordnet werden. Sie sind unverzichtbar für das exakte Anlegen der Arbeit sowie für das Geraderichten verkrümmter Bleiprofile.

● Auch zum *Material* sei einiges gesagt. Für den Start wird im allgemeinen erstes Material von der Kursleitung mitgebracht. Später wird der Kursteilnehmer benötigtes Material selbst kaufen. Nur ein Beispiel hierzu: Für eine flache Glasarbeit im Umfange von etwa 75 x 40 cm, etwa einem mittleren Fensterbild entsprechend und nur mit einfacher Rechteckverglasung gestaltet, werden etwa 8 Meter Bleiprofile benötigt. Erfahrungsgemäß wird bei

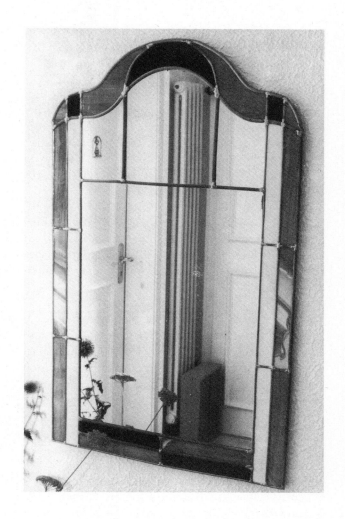

Ein vorzüglich gelungener Dielenspiegel in Bleiverglasung, die Rahmenfarben sind sehr gefällig in Weiß, Schwarz und Orange, teils meliert, abgesetzt

den Bleiprofilen mit den Breiten 4, 6 und 8 mm gearbeitet. Für den Rand von Glasbildern reichen auch die preiswerteren Aluminiumprofile aus.

Die eingesetzten Gläser sind verschieden dick. Begonnen wird mit farblosem Fensterglas. Anschließend kommen die verschiedensten Glasarten zum „Einsatz", was nicht zuletzt natürlich wesentlich auch von der angestrebten Gestaltung bzw. von dem gewünschten Motiv der Bleiverglasung abhängt. Dazu nur einige Beispiele:

Cathedral- und Colorescentglas werden vor allem für Fenster und Fensterbilder verwandt, weil sie sehr lichtdurchlässig sind. Für den Anfänger eignen sie sich besonders. Colorescentglas ist meistens meliert.

Opalescentglas, auch in den verschiedensten schönen Farbstrukturen erhältlich, ist nicht durchsichtig, aber durchscheinend. Es eignet sich besonders auch für den Bau von Lampen. Bei diesem Glas verteilt sich das Licht so gleichmäßig, daß man glaubt, das gesamte Glas und nicht die Lichtquelle scheine oder glühe.

Unter *Ripple- oder Strukturglas* verstehen wir Glassorten, die wegen ihrer Riffelung oder Strukturierung auf der Rückseite für bestimmte Motive, wie beispielsweise Blüten, Blumen oder Blätter, besonders geeignet sind, weil durch eben diese Strukturierungen eine besonders ansprechende Tiefenwirkung erzielt wird.

Es wäre noch sehr viel mehr zu wunderschönen Glasarten zu sagen, zum Beispiel zum *Antikglas* mit seinen besonders strahlenden Farben oder zu

speziellen amerikanischen Gläsern, die sich vor allem durch ihre Vielfarbigkeit auszeichnen. Jedenfalls wird der, der sich diesem so reichen und bunten Kunsthandwerk zuwendet, allein schon beim Umgang mit Glas eine großartige Faszination erfahren, die ihn in seiner Phantasie ungemein beflügeln wird. Es wurde auch deshalb etwas ausführlicher auf die Vielfalt der Glassorten eingegangen, weil sie auch für den zweiten Abschnitt der Glasarbeiten mit der Tiffany-Technik in vollem Umfange gilt.

Da auch bei der Bleiverglasung der Meister nicht vom Himmel fällt, steht am Anfang das umfas-

Zwei schöne Motive einer Bleiverglasung als Fensterbilder oder Wandschmuck, auch hier stimmen Bleifluß und Farbzusammenstellung ausgezeichnet überein

sende Einüben des richtigen Schneidens und Brechens von Glas sowie des Schneidens der Bleiprofile. Dabei wird der Schwierigkeitsgrad gesteigert: nach der einfacheren Technik für eine Rechteck-Verglasung werden die Fertigkeiten für Dreieck-Verglasungen und Verglasungen in geschwungenen Formen intensiv eingeübt. Auch das richtige Löten muß erlernt werden.

Erst nach Aneignung dieser unumgänglichen Grundtechniken kann das Verbleien beginnen. Hierfür sind viel Geduld und große Fingerfertigkeit gefordert. Aber es lohnt sich allemal. Jetzt gilt es nämlich, die Bleiprofile sauber ineinanderzustecken, damit die Glasstücke nicht herausrutschen. Es ist ja zu bedenken, daß die Glasstücke, solange nicht gelötet ist, lose sind und daher sehr leicht auseinanderfallen können. Im Grunde kann man diese Tätigkeit mit einem Puzzlespiel vergleichen. Erst wenn dieses Puzzle gelungen ist, wird beidseitig gelötet. Und spätestens jetzt gibt es auch keinen Zweifel: die saubere Ausführung des Lötens gibt zugleich Auskunft über die Qualität der Bleiverglasung.

Erfahrungsgemäß wird nach dem Erlernen der Dreieck-Verglasung nach eigenen Ideen und Vorstellungen gearbeitet. Da wagen sich vielfach Kursteilnehmer an eigene Entwürfe für bunte Fensterbilder mit bestimmten Motiven, wie Blumen und Blüten, Vögel oder Tiere überhaupt. Spätestens jetzt also wird der Kursteilnehmer im umfassenden Sinne schöpferisch tätig - er verwirklicht seine eigene Idee. Er kann seine Phantasie spielen lassen, vom Entwurf über Form und Farben bis hin zum Zusammenspiel einer von ihm erdachten und angestrebten Glaskomposition.

Der vorgestellte Entwurf wird zunächst auf Halbkarton gezeichnet und dann mit der Schablonenschere entsprechend zerschnitten, so daß die einzelnen Halbkartonstücke die echte Größe haben, die die Glasstücke bekommen werden. Auf dem Entwurf ist außerdem der Verlauf der Bleiprofile festgelegt, den man auch als „Bleifluß" bezeichnet. Er entscheidet nicht nur über die Stabilität der Glasarbeit, sondern zugleich über die Ästhetik der ganzen Bleiverglasung. Der Bleifluß muß also harmonisch in das Gesamtbild bzw. in die Gesamtarbeit integriert sein. So steht auch bei diesem Kunsthandwerk am Ende immer ein eigenständig geschaffenes und gestaltetes Werk - als hübscher Gebrauchsgegenstand ebenso wie als attraktives Schmuckstück.

2. Glasarbeiten in Tiffany-Technik

Die Bezeichnung dieser Glaskunst ist im Unterschied zur Bleiverglasung „neueren" Datums. Sie geht zurück auf einen führenden Glaskünstler, nämlich Louis Comfort Tiffany, Sohn des ebenso berühmten Juweliers Charles L. Tiffany. 1889 schuf Louis C. Tiffany die ersten Lampen, wie wir sie heute noch bewundern - und ganz offensichtlich wiederentdeckt haben. Sie gelten als ein typisches Produkt im sogenannten „Jugendstil".

Die Grundidee Tiffanys ist wohl gewesen, schöne und künstlerisch anspruchsvoll gestaltete Gebrauchsgegenstände breiten Bevölkerungsschichten zugänglich zu machen. Sich dabei gerade der Glaskunst zuzuwenden ist offenbar auf eine Europa-Reise zurückzuführen, bei der ihn Intensität und Leuchtkraft der alten Glasfenster in der Kathe-

drale von Chartres in hohem Maße beeindruckt
hatten. 1893 gründete Tiffany eine eigene Glas-
hütte und stellte von da an auch Gläser von einmalig schöner Farbgebung her.

Diese Tiffany-Technik, auch *Kupferfolien-Tech-
nik* genannt, ist erfreulicherweise wiederentdeckt
worden. Wer sich beispielsweise in Fachgeschäften
umschaut und bei Lampenschirmen die beste-
chende Feinarbeit betrachtet, bei der oftmals Hun-
derte von Glasstücken verwandt sind, weiß auch,
warum solche Produkte einer erlesenen Handwerkskunst relativ teuer sind.

Von der Bleiverglasung unterscheidet sich diese
Technik durch die Anwendung von Kupferfolien
anstelle von Bleiprofilen. Im Gegensatz zu den früheren Tiffany-Arbeiten ist diese Kupferfolie heute
selbstklebend, während sie früher mühsam aufge-
leimt werden mußte. Man darf auch sagen, daß
diese Glasarbeiten nach der Tiffany-Technik einfacher sind als Bleiverglasungen. Im übrigen gilt hier
im Grundsatz dasselbe für das Entwerfen von Motiven und Gegenständen sowie für den Umgang
mit Glas, wie es bereits im Abschnitt über die Bleiverglasung ausgeführt wurde. Weitgehend gilt dies
auch

● für das *Werkzeug*. Neben der Kröselzange, einem Glasschneider und dem Lötkolben, auch hier
möglichst mit breiter Spitze, genügt eine normale
Schere, um die Folien abzuschneiden, und ein
Falzbein oder Rollrädchen zum Andrücken der
Folienränder (es dürfen sich keine Luftbläschen
zwischen Folie und Glas bilden).

● für das *Material*. Es ist im allgemeinen dasselbe

Neben der Bleiverglasung mit sehr hübschem
Vogelmotiv eine ungewöhnlich gute Glasarbeit in
Tiffany-Technik: eine Pusteblume als Fenster- und
Wandschmuck mit fast 200 Glasstücken in verschie-
denen Farben.

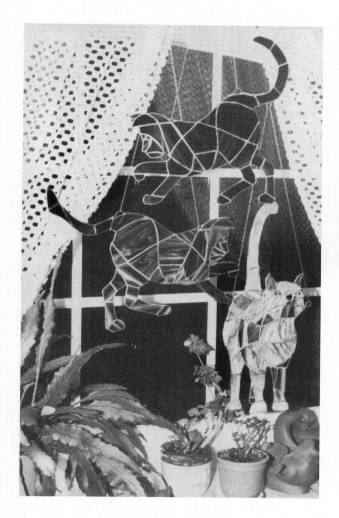

Ein selbst entworfener und mit warmen Glasfarben gestalteter Lampenschirm in Tiffany-Technik

*Eine kleine Meisterarbeit in Tiffany-Technik:
Drei unterschiedlich gestaltete Katzen
als Fensterschmuck mit verschiedenen Glasfarben*

wie bei der Bleiverglasung. Nur wird jetzt, wie bereits erklärt, statt mit Bleiprofilen mit der Kupferfolie gearbeitet. Kupferfolien können, auf Rollen aufgewickelt, gekauft werden. Sie sind in verschiedenen Breiten erhältlich, und diese Breiten richten sich wiederum nach der Glasstärke, die eingesetzt werden soll. Das gilt auch für die Größe der Glasstücke wie für die Gesamtgröße der Glasarbeit selbst. Immerhin haben ja die späteren Lötnähte unterschiedlich große Gewichte auszuhalten.

Es ist heute üblich, kompliziertere Arbeiten, zum Beispiel Lampenschirme, auf dafür vorgesehene Styroporformen mit Stecknadeln zu befestigen, bevor gelötet wird. Styropormodelle sind jedoch nicht billig, was mitunter den Laien abschreckt, sich solchen Glasarbeiten zuzuwenden. Aber auch hier, wie bei der ganzen Glasarbeit auch sonst, ist die Phantasie des einzelnen gefordert. So können solche Kosten, wie praktischer Erfindungsreichtum von Kursteilnehmern zeigt, dadurch umgangen werden, daß beispielsweise mit Pappe gearbeitet wird. Also - bitte nicht abschrecken lassen, weil möglicherweise Styropor-Negativformen zu teuer sind!

Bei dieser Glaskunst in Tiffany-Technik ist es auch eine besondere Kunst, schön geformte Lötnähte zu erzielen, die nachträglich patiniert werden können. Vor allem bei warmen Glasfarben wird dadurch ein noch harmonischerer Gesamteindruck erzeugt. Patina gibt es in den Farben Schwarz und Kupfer. Sie wird mit einem feinen Lappen oder mit einem kleinen Schwamm aufgetragen. Je länger die Patina einwirken kann, umso gründlicher oxydiert sie auch.

Zum Schluß noch einmal: der Phantasie und dem Erfindungsreichtum sind bei der Anfertigung und Gestaltung von Glasarbeiten praktisch keine Grenzen gesetzt. Bei dieser wunderschönen kreativen Tätigkeit kann im wahrsten Sinne des Wortes mit Farben und Formen „gespielt" werden; egal, ob Gebrauchsobjekte oder Schmuckgegenstände geschaffen werden sollen, gleichgültig auch, ob eine Fläche oder ein dreidimensionales Werk geformt und ausgestaltet werden soll. In jedem Fall wird die geschaffene Glasarbeit faszinieren.

Sehr dekorativer Lampenschirm mit Vogel-Motiv nach eigenem Entwurf

Literaturhinweise:

„Glas einfassen in Blei" von Erwin Haselein, Verlagsgesellschaft Rudolf Müller GmbH, Köln
„Glasbilder - Tiffanytechnik" von Sybille Pratsch, frech-Verlag, Stuttgart
„Hobby Glaskunst in Tiffany-Technik" von Nikolaus Köppel, Falken Verlag

XI. Vielseitiges Basteln und Werken

Mit Kräutern und Hülsenfrüchten Bilderschmuck basteln? Aus Salzteig einen gefälligen Adventskranz herstellen und gestalten? Mit Strandhafer und Disteln dekorativen Tischschmuck schaffen oder gar mit Flockenspan einen bezaubernden Engel anfertigen, als Fensterschmuck oder ansehnliche Blickfang am Weihnachtsbaum gleichermaßen hübsch anzuschauen? Was könnte daraus schon Attraktives werden, mag sich vielleicht mancher beim Anblick der entsprechenden Kursangebote zunächst fragen. Möglicherweise tut jemand solch Basteln und Werken, meist immer auf fünf Kursabende bezogen, als Spielerei ab; schön zwar für den Moment, aber wertvoll auf Dauer...?

Gemach, gemach. Wer nach dem schnellen Blick in das Kursprogramm einen zweiten Blick auf derartige Bastel- und Werkarbeiten wirft, wird sich bestimmt sehr rasch korrigieren. Er dürfte über Kachelbilder mit sehr schön gestalteten Motiven aus weißen Bohnen und Nelken ebenso erstaunt sein wie über das reizvolle Gebinde für eine Tischleuchte aus glänzendem Salzteig mit mancherlei Dekorationen oder das ansprechend mit Seidenblüten geschmückte Kränzchen aus Ruskus, von großen Blumengestecken ganz zu schweigen.

Zu diesem weiten Feld der Bastel- und Werkangebote nur wenige „appetitanregende" Hinweise.

1. Basteln mit Kräutern, Körnern und Hülsenfrüchten

Natürlich wird sich der Unerfahrene zunächst einmal, vielleicht noch skeptisch, umschauen, was er bei diesem Basteln eigentlich machen kann. Er wird sich einige Vorlagen, die zum Kurs mitgebracht werden, sorgfältig ansehen, um dann selbst zu entscheiden, was er gern basteln möchte. Er hat vielleicht Klebstoff, Pinzetten, Hülsenfrüchte und auch Gewürze zum ersten Kursabend mitgebracht.

Sehr bald wird der Anfänger dahinterkommen, daß die Palette dieser speziellen Bastelarbeiten ungemein breit gefächert ist. Da gibt es beispielsweise schmucke Sterne aus Nelken und grünem Pfeffer, reizvoll mit Nelken und einer Goldborte verzierte Glocken aus weißen Bohnen, Kugeln aus Wacholderbeeren oder Pfefferkörnern sind mit goldfarbenen Blättern oder vergoldeten Ilexbeeren sehr hübsch dekoriert und können ebenfalls für manche Schmuckzwecke im Haus verwandt werden, oder überaus harmonisch zusammengesetzte Bilder, gestaltet mit den verschiedensten Körnern und Gewürzen, tun es ihm besonders an.

Von Anfang an wird der Kursteilnehmer intensiv angeleitet, selbstverständlich auch beim Basteln eigener Vorstellungswünsche, wie das Umsetzen eigener Ideen in reizvolle Bastelerzeugnisse überhaupt Ziel dieser Kurse ist, auch als Anregung zu einer angenehmen Freizeitgestaltung zu Hause verstanden. Er lernt das richtige Herausschneiden von Mustern und Formen aus Pappe sowie das richtige, harmonische Bekleben. Schon am ersten Kursabend ist die Anfertigung eines Kranzes aus Hülsenfrüchten als Fenster- und Wandschmuck machbar.

Bereits vom zweiten Abend an werden die Teilnehmer, wie die Erfahrung lehrt, persönlich sehr krea-

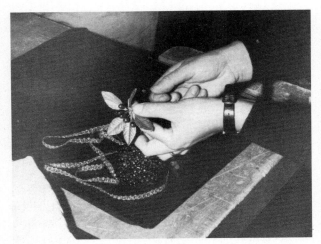

*Blätterschmuck für eine Kugel aus Wacholderbeeren wird gebastelt (oben links) -
daneben Adventskränze aus Salzteig*

*Hübscher Wandschmuck mit Hülsenfrüchten und
Kräutern auf Pappe und Kacheln (unten links) -
daneben: Kursteilnehmerinnen basteln kleine Engel*

tiv - und schon mutiger. Jetzt werden wunderschöne Bilder bzw. Bildkompositionen aus verschiedenen Körnern und Hülsenfrüchten, Kräutern und Gewürzen angegangen. Weiße und rote Bohnen, um nur einmal hierauf hinzuweisen, schaffen allein schon angenehme Kontraste, zu denen vielleicht geschmackvoll ausgewählte Kräuter hinzukommen. Und das alles kann wiederum liebevoll mit Schmuckwerk komplettiert werden, mit Borten oder mit Blättern.

2. Modellieren mit Salzteig

Bevor man aus Salzteig schöne Dinge herstellen und modellieren kann, die auch auf Dauer durch ihre Haltbarkeit erfreuen, muß man selbstverständlich zur Herstellung des Salzteigs für diese Zwecke einiges wissen und erlernen. Normalerweise wird Salzteig nur aus Mehl, Wasser und Salz geknetet. Bei diesem Verfahren nimmt der Teig jedoch Feuchtigkeit zu schnell auf, er wirkt auch farbenmäßig stumpf. Deshalb wird er mit Öl oder sogar Tapetenkleister angereichert, um auch eine bessere Glasur zu erzielen. Gern wird auch der Salzteig vor dem Abbacken noch mit Milch bestrichen.

Daß das Kneten des Salzteigs vom Beginn an intensiv geübt wird, versteht sich am Rande. Dabei ist natürlich zugleich die Frage gestellt, was aus ihm geschaffen werden soll - ein Kranzgebinde mit Anhängsel etwa, vielleicht kleine Sträuße, Engel oder Brezelkerzen, Bäume für Fenster- und Wandschmuck, sehr hübsche Gebinde für Leuchter und Kerzen, ein Adventskranz gar oder, oft und gern gestaltet, regelrechte Biedermeiersträußchen mit entsprechender Dekorierung. Obwohl den Kursteilnehmern Muster und Vorlagen helfen sollen, ist auch hier die eigene Phantasie gefragt.

Aber auch bestimmte Regeln des Abbackens müssen bei der Motivgestaltung von vornherein mitbedacht und in die Überlegungen zur Ausgestaltung einer Salzteigarbeit einbezogen werden. Das Abbacken muß einerseits langsam geschehen, damit der Teig keine Blasen oder Verwerfungen bekommt. Auf der anderen Seite entscheidet die Dauer des Abbackens über eine dunkle oder helle Tönung des Salzteigs, der mitunter sogar weiß bleiben soll, um ihn dekorativ bemalen zu können. Laufende Kontrollen beim Abbacken sind also nötig, die Erfahrung wird auch in dieser Beziehung den Meister machen.

Ganz zum Schluß wird das Lackieren mit Klarlack der Salzteigarbeit den nötigen „Pfiff" geben, zumal damit die nötige Schutzschicht gesichert wird. Wer sich einmal solche Arbeiten in ihrer ausgesprochen freundlichen Ausdruckskraft und in ihren vielfältigen Verwendungsmöglichkeiten angeschaut hat, wird verstehen, warum die Kursleiterin gerade bei dieser schöpferischen Arbeit immer wieder vom „Modellieren" spricht.
Nach den bisherigen guten Erfahrungen ist es übrigens Ziel, demnächst eine Art „Puppenkursus" zusätzlich anzubieten, das heißt: mit Salzteig sollen Figuren modelliert und bemalt werden.

3. Blumenstecken und Weihnachtsgedecke

Natürlich ist es einfacher (und geht bestimmt auch schneller), Trockenblumengestecke oder Mobiles oder Sterne als Advents- und Weihnachtsschmuck zu kaufen. Es gibt aber auch keinen Zweifel daran, daß der, der solche Gestecke und Dekorationen selber bastelt, womöglich noch mit der ganzen Familie, „richtig froh ist", wie dies eine junge Mutter bekannte, solch ansehnliche Basteleien selbst hergestellt zu haben. Kein Zweifel aber auch, daß dadurch sowohl Anregungen zum Weiterbasteln zu Hause gegeben werden als auch der Blick für Blumen und Pflanzen in der Natur weiter geöffnet wird.

Worum geht es? Ganz einfach darum, das, was in Feld und Wald oder im eigenen Garten gesammelt, geerntet und getrocknet wurde, zu Wand- und Tischschmuck, zu kleinen oder großen Sträußen und Kränzen anspruchsvoll und gefällig zu verarbeiten. Der Strandhafer oder die Distel können dabei ebenso hübsch mit verarbeitet werden wie etwa Strohblumen, Mohn oder Ruskus. Doch dabei bleibt es ja nicht. Bänder und Fäden, Muscheln oder Seidenblüten als schmückendes Dekor kommen hinzu. Gewürzblumen spielen beim Blumenstecken, wie es korrekt heißt, auch als Verzierung eine große Rolle, aber auch selbstgefertigte Papierblumen.

Die notwendigen Techniken für das Blumenstecken - das Stecken selbst, das Binden, das Andrahten - können in kurzer Zeit von jedem beherrscht werden, so daß er sich schnell auf Feinarbeiten oder größere Steckereien „stürzen" kann, beispielsweise auf große Vasengestecke oder sehr stilvolle Gestecke für einen bestimmten Wohnungs- oder Zimmerwinkel, für die rustikal wirkende Baumwurzeln gesucht oder aus dem Urlaub mitgebracht wurden.

Im übertragenen Sinne gilt dies auch für das spezielle Advents- und Weihnachtsbasteln, ebenfalls an fünf Kursabenden erlernbar. Und wer wollte bestreiten, daß gerade in dieser Hinsicht der selbstgefertigte Fenster-, Tisch-, Wand- und Christbaumschmuck, ob Mobiles, Engel oder Sterne, einen ganz besonderen persönlichen Wert hat. Da wird auch mit kleinen Spitzen und Flockenspan kunstvoll gebastelt, mit Peddigrohrbändern oder Kreppapier. Das ist fröhliches Werken, das auch in der Familie in Gemeinschaftsarbeit weitergeführt werden kann - und wird.

Nur ein winzig kleiner Ausschnitt von Salzteig-Arbeiten und Basteleien mit Hülsenfrüchten, Körnern und Gewürzen

Literaturhinweise:

„Salzteig" von Margret Glende, frech-Verlag, Stuttgart
„Salzteigfiguren" von Julie Landis-Sager, Otto Maier Verlag, Ravensburg
„Hobby Salzteig" von Isolde Kishalt, Falkenverlag, Niedernhausen / Ts.

XII. Backen und Kochen mit Phantasie und Pfiff

Wie wäre es denn heute mit einem bulgarischen Paradiesvogel-Brot mit Joghurt und Schafskäse, verziert mit Paprika, gekochtem Schinken und Oliven, wie es unten auf dem Bild gerade von Kursteilnehmerinnen zum Backen vorbereitet wird? Dazu vielleicht neben guter Butter ein bunter Pizza-Salat oder auch ein deftiger Balkan-Salat mit grünem oder rotem Paprika, Tomaten, Pilzen und grünen Bohnen und, darüber verteilt, Roquefort-Käse, und das alles mit einem French-Dressing aus entfettetem Fleisch mit manchen schmackhaften Zutaten - Knoblauchzehe, Petersilie, Estragon, Kerbel, Senf - serviert? Vorher zur Appetitanregung gern einen Maracuja-Cocktail mit Cognac, Grand Marnier und Zitronensaft, aufgefüllt mit eiskaltem Maracuja-Nektar und mit einer Zitronenscheibe garniert? Danach vielleicht eine Ambrosiacreme aus saurer Sahne, Rum, Gelatine und Rumfrüchten?

Appetit bekommen? Nun - diese „kleinen" ebenso schmackhaften wie raffinierten Angebote an den gesunden Appetit sind nur eine kleine Auswahl aus einem Kursabend, der sich mit vitaminreichen

Wintersalaten und Fladenbroten befaßte. Selbstverständlich können Sie sich auch ein Weizenschrotbrot mit Trinkmolke oder ein Gewürzbrot im Blumentopf (jawohl: im Blumentopf!) backen oder auch leckere Quarkbrötchen oder Mohnsemmeln. Wer es kräftig haben möchte, greift eben zu Schlemmer-Filets mit geräuchertem Speck, grünem Pfeffer und Chili-Sauce. Wer Eiweißmangeldiät beachten muß, macht sich mittags vielleicht ei-

Wie wäre es zur Abwechslung einmal mit leckeren Quarkbrötchen oder knusprigen Mohnsemmeln ...

nen pikanten Blumenkohlauflauf mit Obstsalat oder Goldbarsch mit Buttergemüse, süß-saurem Kürbis und Quark mit Sauerkirschen und abends einen delikaten Leber-Pfannkuchen mit Tomatensalat.

Das Angebot, gesundes, phantasievolles und überaus schmackhaftes Backen und Kochen, die Zubereitung pikanter Fleisch- und Fischgerichte sowie frischer und herzhafter Salate und Desserts zu lernen und ständig zu verfeinern, ist groß. Die moderne Küche, vom einfachen Eintopfgericht bis zur festlichen Speisenfolge, kommt dabei ebenso zu ihrem Recht wie etwa die Zubereitung sehr appetitlicher Schonkostgerichte für Galle- und Leberkranke, für Nierenerkrankte oder Diabetiker. Mancher, der gerade mit Diät- oder Schonkost die schlimmsten Vorstellungen verbindet, weil er mit schalem und fadem Essen rechnet, revidiert seine Meinung spätestens beim köstlich zusammenge-

stellten kalorienarmen kalten Büffet, das Höhe- und Schlußpunkt eines über acht Abende laufenden Kursus zur Diät- und Vollwerternährung ist.

Und nicht gering einzuschätzen: der hübsch gedeckte Tisch, an dem zum Schluß fast jeden Kursabends die Kursteilnehmer ihre Gerichte in fröhlicher Runde verzehren und bei dem das Auge gewissermaßen mitißt, wie es eigentlich ja auch sein sollte. Doch ordnen wir ein wenig die Dinge um den kleinen und großen Appetit, obwohl wir auch zu diesem „nahrhaften" Thema nur beispielhafte Schlaglichter setzen können.

... oder wäre ein Gewürzbrot im Blumentopf nicht einmal etwas Besonderes?

1. Brot und Brötchen - leckere Spezialitäten

Schon an dieser Stelle muß zwei Bedenken bzw. Einwänden, die im übertragenen Sinne auch für den nächsten Abschnitt gelten, begegnet werden. Mitunter sind Anfänger (leider fast immer nur die Anfängerinnen, da Männer in den Kursen weitgehend fehlen) der skeptischen Auffassung, viele Feinheiten gar nicht lernen zu können, da sie die Küche nicht erlernt und somit genug damit zu tun hätten, erst einmal Grundkenntnisse zu erwerben, und allein das dauere wohl seine Zeit. Zum anderen haben sich manche Kursteilnehmerinnen hier und dort nach Back- und Kochbüchern mit ihren so ansehnlichen Bildern gerichtet und waren anschließend nicht selten enttäuscht - und unsicher geworden.

Und Brotbacken erst. Das dauere viel zu lange - Hefe ansetzen, Zutaten und Milch beigeben, dann den Teig erst mal gehen lassen, anschließend ihn wieder bearbeiten, formen und wieder gehen lassen, erst dann das Abbacken, nein, das dauere ja allein bis zum Abbacken schon zwei Stunden.

Hierzu sei zunächst einmal nur der tröstende Hinweis gegeben, daß gut die Hälfte aller Kursteilnehmerinnen mehrfach, oft genug seit Jahren (!), zu den angebotenen Kursen wiederkommt und das ganz offensichtlich gern. Dies zeigt doch auch, daß die vielfältigen Kurse nicht nur zum Erlernen von Grundkenntnissen oder nur zwecks Zubereitung sonntäglicher Sondermahlzeiten besucht werden. Leckere Spezialitäten in kurzer Zeit zu Hause gebacken oder gekocht — wer möchte das im Grunde wohl nicht?

Und zum Brotbacken. Ohne Einsatz von Küchenmaschinen wird heute das Ansetzen, Kneten, Formen und Abbacken eines Hefeteigs in kürzester Zeit unter ständiger fachkundiger Anleitung erlernt. So sind schon Brote mit einem Gewicht von fünf Pfund an einem Abend und in nicht erwarteter kurzer Zeit gebacken worden. Auch der Teig schwerer Vollkornbrote wird mit einem Holzlöffel soweit gerührt, bis eine feste Masse entstanden und das letzte Mehl darunter geknetet ist, was in relativ kurzer Zeit bewältigt werden kann, bevor der Teig etwa eine halbe Stunde gehen muß.

Der Hefeteig ist, wie auch die Kurse immer wieder zeigen, ungemein vielfältig zu verwenden und zu „bearbeiten". Man kann ihn süß oder kräftig würzen, bestimmte Zutaten, beispielsweise Rosinen, Nüsse oder Soja, untermischen, und man kann ihn mit den verschiedensten Zutaten belegen, mit Wurst oder Tomaten, mit Speck oder Paprika (vgl. auch die Einleitung zu diesem Kapitel). So entstehen schnell leckere Spezialitäten mit wenig Zeitaufwand, die zudem appetitliche Abwechslungen sind: Vollkorn-Schrotbrot oder Sesambrot zum Beispiel oder Weizenbrot mit Sonnenblumenkernen, Sojabrot, die delikatesten Fladenbrote und Gewürzbrote.

Hätten Sie Appetit auf einen kräftigen Gemischten Feldsalat mit Gurke, Tomaten und Zwiebeln mit weißem Pfeffer? – oder lieber auf einen würzigen Balkansalat mit Paprika, Pilzen, Bohnen und obenauf Schafskäse?

Im allgemeinen werden in den Kursen zwei Brötchensorten gebacken: Quarkbrötchen ohne Hefe und Mohnsemmeln. Gelernt wird natürlich auch, wie am Samstag der Teig für das sonntägliche knusprige Brötchen zubereitet wird.

In diesem Zusammenhang auch eine kleine Begebenheit zum Schmunzeln und zur Ermutigung: beim Herstellen von Blätterteig erklärte eine Kursteilnehmerin entschieden: „Sie können machen, was Sie wollen, ich gehe an Blätterteig nicht dran, niemals!". Heute ist sie ein Blätterteig-As und hat dafür schon viele Freunde, richtiger: Freundinnen, gefunden ...

2. Kochkunst und Vollwerternährung — keine Kunst für nur wenige

„Die moderne Küche" oder „Von allem etwas" — so sind einige Kurse betitelt, die Abwechslung durch Erweiterung des täglichen Speiseplans bieten wollen. Obwohl hierzu meist Parallelkurse angeboten werden, ist erfreulicherweise die Nachfrage mitunter größer als die dafür zur Verfügung stehenden „Küchenplätze".

Das Angebot, auf das verständlicherweise in diesem Rahmen nicht im einzelnen eingegangen werden kann, ist wahrhaftig „appetitanregend". Da geht es um würzige Eintopfgerichte bis zu Festmenüs, um spezielle deutsche Gerichte bis zu internationalen Spezialitäten, vom Rustikalen bis zum Exotischen. Hauptgerichte mit Salaten und Gemüsen stehen dabei ebenso auf dem Programm wie Vorspeisen und Desserts, ja sogar Tips für das gute Frühstück oder einen kleinen Nachmittag-Imbiß.

Während ein Teil der Kursteilnehmerinnen ein kräftiges Salami-Kräuter-Brot vorbereitet, richten andere derweil einen Auberginen- oder Pizza-Salat an, wiederum andere sorgen für den „Sanften Engel", einen leichten Aperitif aus Orangensaft, Orangenlikör und Vanilleeis, ein Teil bereitet schon Welfen-Creme als Nachspeise vor, derweil der „Rest" für dieses Mal als Hauptspeise um Zitronenkeulen bemüht ist — Hähnchenkeulen eben mit Salz, Pfeffer, Basilikum, Thymian, Öl und Zitronen. Das Rezeptrepertoire der Kursleiterin scheint endlos zu sein.

Dasselbe gilt aber auch für *Diät- und Vollwerternährung, Schonkost*, wenn man so will, die in einem eigenen Kursus über acht Abende erlernt werden kann und für entsprechend Kranke oder ältere Mitbürger und Mitbürgerinnen von besonderem Interesse sein sollte (was es leider nicht immer ist). Dabei könnte ein solches Angebot nur dienlich sein: jeweils ein Abend befaßt sich mit leichter Kost für Magen und Darm, Schonkost für Galle und Leber und bei Nierenerkrankungen, je zwei Abende haben von der richtigen Ernährungsseite her Herz- und Kreislauferkrankungen und Diabetes zum Gegenstand. Der letzte Abend gehört, wie schon in anderem Zusammenhang erwähnt, dem kalorienarmen kalten Büffet.

Doch das läuft alles andere als stupide ab. Da werden zunächst einmal die Ernährungserfordernisse bei bestimmten Erkrankungen und Diäten informativ und verständlich dargestellt. Dort werden äußerst schmackhafte Ratschläge zu Tagesspeiseplänen gegeben, die die Kursteilnehmer mitnehmen können. Vor allem aber — es wird danach auch gekocht, gebacken und gebraten. Von wegen Eintönigkeit. Dieses — leider! — immer wieder zu hörende Vorurteil wird schon am ersten Abend vollständig abgebaut!

Da gibt es, um nur dieses Beispiel aus einer Fülle von Speisevorschlägen anzuführen, bei der Notwendigkeit eiweißarmer Kost ein delikates Risi-Bisi-Gericht mit gedämpften Tomaten, Tomatensauce und karamelisierter Banane, selbstverständlich mit allen notwendigen Anleitungen und Tips. Oder es wird bei Notwendigkeit einer Eiweißmangeldiät ein ganzer Tages"fahrplan" durchgegangen und praktisch demonstriert: 1. und 2. Frühstück, Mittagessen, Nachmittags-Imbiß und Abendessen. Dazu immer wieder fachliche Informationen und Ratschläge. Selbstverständlich richtet sich solcher Kursplan immer nach den Anweisungen des Arztes.

Gerade für Alleinstehende bietet sich ein solcher Kursus förmlich an. Er bietet ja nicht nur einen abwechslungsreichen Speiseplan „trotz" Diät und Schonkost. Er bringt zugleich gerade diesem Personenkreis die häufig vermißte Geselligkeit. Und, nicht zu verachten, er könnte vormittags stattfinden und mit dem gemeinsamen Mittagessen schließen. Doch offenbar gibt es in dieser Beziehung

noch manche Hemmschwelle — oder einfach Unkenntnis.

Übrigens gilt auch für das Backen und Kochen eine Erfahrung, wie sie in allen Kursangeboten zu machen ist: das eigene Erfolgserlebnis, das doch jeder Mensch braucht, kann nicht hoch genug eingeschätzt werden. In diesem Sinne ist zum Abschluß dieses Kapitels, das zugleich diese Schrift abschließt, das herzliche **„Guten Appetit!"** natürlich besonders angebracht.

Das Auge ißt mit: Nach der gemeinsamen Zubereitung leckerer Brote und Speisen heißt es „Guten Appetit!" am hübsch gedeckten Tisch in gemütlicher Runde — Ende eines jeden Kursabends.

Nachwort

Haben Sie jetzt Appetit bekommen?

Wenn ja oder vielleicht erst wenig oder wenn Sie ein bißchen neugierig geworden sind, sollten Sie sich zumindest über die vielfältigen Kursangebote der Volkshochschule einmal informieren. Sagen Sie nicht, daß Sie es doch „nicht schaffen". Das haben vor Ihnen schon manche angenommen — und waren oder sind bereits zum dritten oder fünften Mal oder seit Jahren dabei, weil es ihnen Spaß macht. Allerdings mußten sie sich erst einmal einen Ruck geben, ihre unbegründeten Hemmungen also überwinden.

Sie haben keine Zeit?

Natürlich können wir nicht beurteilen, ob und welche Zeit Ihnen bleibt, um für sich Kreatives tun zu können, gewissermaßen sich einmal in schöpferischer Muße ein wenig vom Alltag zurückzuziehen. Das ist so wie mit der Gesundheit. Wir wissen zwar alle, daß Gesundheit die unerläßliche Voraussetzung dafür ist, unser Leben erfolgreich zu bestehen, privat und beruflich. Nur — mit dem Gesundleben ist das so eine Sache, nicht wahr?

Im übertragenen Sinne gilt dies auch für schöpferisches Tun. Obwohl dies ein zutiefst menschliches Bedürfnis ist, lassen wir uns von den Anforderungen und der Hektik des Alltags oft genug so stark beanspruchen, daß für kreative Bedürfnisbefriedigung keine Zeit mehr bleibt. Wenigstens glauben wir das mitunter.

Lassen Sie sich einmal in Ruhe die folgenden Fakten durch den Kopf gehen:

● Zwischen einem Viertel und einem Drittel der Kursteilnehmer kommen m e h r f a c h zu Kursen wieder. In einigen Kursen ist es gar die Hälfte.

● Manche Kursteilnehmer, erstmals mit schöpferischem Gestalten befaßt, belegen später andere Kurse, weil es sie „gepackt" hat und sie „noch mehr schöne Dinge kennenlernen wollen", wie es eine Seniorin spontan ausdrückte.

● In manche Kurse kommen Kursteilnehmer schon seit Jahren immer wieder gern zurück, „weil ich noch viel zu viele Ideen habe", beschrieb es ein fünfundvierzigjähriger Kursteilnehmer.

Was meinen Sie wohl, wieviele von ihnen anfangs „unüberwindliche Hemmungen" hatten (wörtliches Zitat!)? Und gerade Sie sollten solche Hemmungen nicht überwinden und die nötige Zeit erübrigen können …? Wie sagte es ein Kursleiter — „es ist kein Unglück, wenn mal etwas schief wird, Gerades kann man kaufen; Hauptsache, man hat etwas s e l b s t geschaffen".

In diesem Sinne, liebe Leserin und lieber Leser, wünschen wir Ihnen guten Mut, einen kräftigen Appetit und die Befriedigung Ihres Appetits in einem der Kurse der Volkshochschule!